呼吸する身体

武術と芸術を結ぶ

BODY ONTOLOGY

坪井香譲

新泉社

序

からだは一冊の書物のようなものだ。
そこに生命の叡智が宝石のように秘められている。
それを見出すには、知性によるだけではなく、
鋭敏に「感じて」ゆくことが必要で、
そうして初めて、
それらの叡智を現実に活かすことができる。

そのような叡智を拓く手立てとして、忘れられがちなのが、武術、武道であるかもしれない。

元々は闘争の術として成立してきた古来の剣術や体術（柔術）は、その性質上、激烈なイメージが際立つ。そのため、その中に含まれ

ている精妙で繊細でさえある身心の動きや独自のもののとらえ方や世界観が顧みられることが少ない。

けれど、本書に度々触れるように、武術や武道――近代に競技化したものとは少し距離を置くが――には、他のどんなジャンルにも見られないだろう、純度の高い生命の脈動が実感され得る。それは、時には深い詩や音楽のヴィジョンにも匹敵するくらいの、人間のいのちと世界の陰翳に富んだとらえ方にもなる。私自身は、この数十年、稽古や工夫、研究を重ねてきて、そう確信できる。

バッハと武術と呼吸

私は、二十歳代の前半、地方の小さな合気道場に、師範の代役で、約一年程、週一回の指導に通っていた。合気道の基本技に少しずつ自分で工夫していた呼吸等を加味した稽古法だった。参加者の中にピアノの教師がいた。一年終わった頃彼女が告白した。

「私は、以前は、バッハの音楽にはどうも馴染めなかった。弾きたい気持ちも起きなかったんです。けれど、先生の稽古を受けたためか、バッハの音が活きたものとして身に響き出し味わいを感じるようになった。だから弾きたくもなるんです」

バッハの曲と音に何か独特の「構造」のようなものがあるのか、論ずる力は私にはない。けれど、バッハの音が何か深く人体という「自然」の本質と同調して共鳴を呼び、いわば「存在」を開いてゆくようなことがあるのではないだろうか、と思う。

現代舞踊に関係する人に聞いたのだが、踊る際に適当な音楽がない場合、「困った時のバッハ頼み」になる、という。それだけバッハは、人体に潜むいわば深層の構造、リズムのようなものと豊かに共鳴するのか。私の知っている整体のY師は、バッハの演奏は、指使いが、整体から見ても、陰陽、虚実がよく組まれてなされるようになっているので、奏者自身の健身にもいいようです、と言っておられた、と記憶している。

真の武道の技も、当然陰陽、虚実の調和がとれているだろう。

海舟、やわらを入れる

演劇家竹内敏晴氏（一九二五—二〇〇九）が、江戸を知っていた母方の祖父から聞いたという話がある。

明治維新の前夜、西郷隆盛率いる官軍が江戸へ進軍せんばかりの際である。幕府の責任者、勝海舟は、どうしても官軍が攻撃してくるならと、火消しの親分新門辰五郎を動かして、いざとなれば火をつけて街々を焼き払わんばかりにし、一方、三百艘の船を調達して町民を逃がす用意もした。そうしておいてはじめて西郷独りを江戸城へ招き入れ、無血開城は行なわれた。江戸贔屓の町民たちの眼には、まるで西郷の方が降参したかと映った。と、竹内氏の祖父は言う。「こうして（西郷は）〈やわらを入れられた〉んじゃ。西郷も承知つかまつった、と言う他あるまいよ」と（竹内敏晴『レッスンする人』藤原書店刊）。

つまり、物騒、剣呑な「ヤキを入れる」代わりに、こわばらず仲よくやろうぜと申し入れて受け容れさせた……ということになる（これは受け容れる方の度量こそ肝要でもある。また、実際には山岡鉄舟や天璋院〈篤姫〉や和宮の動き等も影響していたにせよ）。

これは、一般の庶民の中にも、柔術――やわら――は、単なる強い、弱いだけの、平面的な闘争を超えた叡智――実践と鍛錬を伴っている――と何となく映っていたせいなのではないか、と思われる。

ピアノ教師のバッハと、「やわらを入れる」、共に武術の技の中にある理《ことわり》である。これも、卓越した武術によって、はじめて汲み出される「身体の叡智」の一端ではないか。

私は三十代中頃から特に何かの組織や流派に属さず、また常に様々なジャンルの身体技法と武術と重ねて研究稽古をしてきた。幸い若い頃の卓越した芸術家や武道家たちとの出会い、縁によって得られた数々のヒントも役立った（あとがき参照）。

武術は生死を極限的な場でとらえる技だが、逆説的に、かえって医術と近接し、医術にも劣らないくらい鋭く身心を観察し抜くこともある。そこで古からの流派には治療を看板に掲げる程のものもあった。

また、伝統的な武術の創始者の多くは、禅をしたり、様々な宗教の教義や行に触れて影響を受けている。けれど——これも私の実感からくるのだが——武術がかえって、瞑想や祈り、宗教的な境地や世界観に貴重なヒントを与える場合も少なくない。それどころか、現代の最先端の科学的宇宙論や生命観にもヒントを与えると聞いたこともある。

このような考え方に基づいて行なっていくと、武術が武術という枠に収まらないものをもっていることが一層納得される。人間性全般へ、と拡がる、もっと普遍的で総合性をもったボディ・アートへと、いわば自ずと「化学変化」あるいは転換を遂げるのである（もちろんこれは私自身の武術への態勢や発想によるので、人それぞれと思うが）——私のそのような「成果」については別章を参照願いたい——。

ともあれ、武術、武道という名の身体の技法には、人間性そのものを、他のどこにもないやり方で多様に豊かにしてゆく発想と実践、実感法が秘められている——。

＊　＊　＊

本文中には幾つかの「ボディ・テスト・ゲーム」が載せてある。文の内容を実感するためのごく簡単な動きなどである。

けれど、これらを飛ばして、先に読み進めていただいても全く文障はない（すべてを読み終わってからでも、試していただけるなら、著者として本望である）。

目次

一章

からだ　ことば　こころ

本との出会いで「ひかり」の体験へ

私は、十五歳、高校一年の時、一冊の本に出会った。フランスの作家、ロマン・ロラン（一八六六―一九四四）がノーベル文学賞を授与された『ジャン・クリストフ』という大河小説。情熱的な音楽家の一生をテーマにしていて、その頃は盛んに読まれていた。

その最後のページを閉じた直後のことだった。起伏に富んだ物語の激烈な流れのようなエネルギーに圧倒されたのか、私の裡《うち》からなのか、あるいはどこかからなのか、光明の嵐のような意識が、宇宙へと猛スピードで拡大し、私を運んでゆくかのような衝撃を受けた。

気付くと日頃目にしている庭の樹の枝々や、近隣の家の屋根瓦が、透明で薄い光の衣を纏っている。身の回りの空気も、一粒一粒が光の粒子に変容したかのように細やかに震えて舞っていた。

強く深い肯定的な感情は同時に人間相手にも影響した。日頃は、私が無愛想で不満気に接することの多い家族や知人にも、これまでにない親しみを感じる。特に二歳下の弟には、私が日頃大切にして絶対に触れさせなかった宝物のような本をやったりしたのは、今思い出しても可笑しいほどだ。

そして、これからの生涯で将来出会うだろうたくさんの人々も、そんな喜びの大洋の波動の中で、待ち構えているようで、心が躍ったものだった。その至福感は数日間は続いて消え、その後私は以前と変わりばえのしない暗鬱気味な日常へ取り残されたかのようだった。

後で省みれば、この体験が、それからの私を縛ってしまうことになった。一体、あの体験は何だったのか？　それはまた、私がこれまで続けてきた身体技法や武道の探求を始める動機になったのだった。

私は、数日間で消えてしまったこの現象は何なのかを明らかにしたくなり、様々な本を読んだ。納得できる非常に感銘深い著作にも何冊か出会ったが、やはりそれは文字の世界ではある。文字と複雑な論理の宇宙。時にそれは密林の入り組んだ小路のように、進むほどに迷いも深まるかと思われた。そこで窒息したくはない。私はこの「身」に起こったことを直接「身」で確かめたかった。

そのうちに私は、昭和時代に確立した合気道というユニークな武道の創始者植芝盛平（一八八三—一九六九）のことを知り、植芝翁が探求の過程で「光」の体験をしたことを知った。しかも、その体験は、私のそれより遥かに透徹しているようである。その上、それがとても具体的に、からだの動かし方や技、人との相対し方と結びついている、と思われる。

書物や文字の世界に傾きすぎると自省していた私は、二十歳の時、合気道の本部道場を訪ねて入門し、稽古を始めた。

けれど、そう簡単に技のコツが身につくわけでない。いわんや、技を媒介にしてのあの意識へ直結する体験など、遥かに遠い。何年たっても目指したい本質には至れないかと思われる。私はどうしたものかと迷っていた。

そういうある日、植芝翁（その頃は八十歳を越え、白髭が見事で、目がきらりと輝く仙人のような風貌だった）が、稽古の合間に道場にふと現れて「合気は常識よ」とニコニコしながら稽古する一同に言ったのだった（19頁写真）。

私は意表を衝かれた。「常識」とは？　そしてこう解釈した。「そうか、ここ（道場）で合気道としてやっているのは、系統的に型に沿ってする学習の過程としてのことだ。それも大切だが、目指しているのはブランドや型ではなく、人間の存在（イノチ）の根底のすがたであり、人と自然のかかわりを直に実感、体現することだ」とあらためて思った。五段を授与されていたし、植芝翁の高弟にあたる山口清吾（一九二四―一九九六）という方が私の直接の師

植芝翁八十歳の舞いのような演武
/ 撮影 小野田 宇花

匠で深く尊敬していたし、親しんだ友達や先輩も多かった。けれど、私なりの歩みを始める時期がきたと思って、道場や合気道の組織から離れることにした。そして、武道に限らず、スポーツ、音楽、舞踊、職人の創作、ひいては作家などの創造の過程についての実践や理論などの探求を始めた。もちろん、私自身も少人数の仲間と、からだの動かし方の原則の研究や武術や健康法、瞑想などの実践は続けていた。

今では、スポーツなどの世界でよく聞く、「ゾーン」も見逃せないことだった。何でも技の集中の極に至ると、いつか、自分へのとらわれも、努力するという意識も解かれる。自ずと精妙な力強い技が実現されてゆく、それがゾーンで、スポーツに限らずあらゆるジャンルに見られる。そして、それはどこか私の高校時代のあの体験にも通じている。

何かの専門家でなくても、たとえば、火事や事故の際に驚嘆するような力や速度が出てその場を無事に切り抜けたりする、それもゾーンである。そこで私は、各界、各ジャンルで活躍したり、達人といわれる人々に出会って、その創造の工夫や境地を聞き出そうと、各地を回った。

そうこうするうちに、ある発想が生まれてきた。ジャンルを問わずにそこに共通する実践上の理《ことわり》で、分かりやすく、からだにかかわりそうなものを、私は「身体の文法」と名付けてみたのである。すると、まず次の三つが浮かび上がってきた。

フィジカル（物理的）なからだを制限し、支えもする「重力」。

生命そのものやその様々な活動を間断なく、リズム、メリハリをもって支え続ける「呼吸」。

人間が動いたり活動して、ものや自然に働きかける際、その動作の基本に波状の曲線、多くの場合「螺旋」状の形が潜在していたり現れたりすること。この三つである。そこで私は「重力」「呼吸」「螺旋」の三つの側面を実感する方法を少しずつ探り、それを「身体の文法」とし、それに基づいて、「気流法」と名付けた稽古方法を編み始めた（『身体を実感する・〈3

R〉』気流法の会刊）。

すると、組織や道場を離れたが、探求を続けていた合気道の技あるいは柔《やわら》の技も、外面的なかたちは異なる場合もあるが、自分なりにずっと進歩してくるのが分かった。

万葉歌人大伴家持の文武と山里での私の稽古

私が十年間稽古に通っていたとても古い武術がある。少なくとも平安末期にその淵源が辿れるものだが、世にはほとんど知られていない。道場もなく、時々、鹿、猪や熊も出没する山里の藪の中の凸凹だらけの小さな空き地で行なったものである。

そこで、私は「ことば」についてある体験をした（22頁写真）。

初めに、蹲踞《そんきょ》の構えから、腰の帯に差した剣を抜いて前へ出る型を習った。師匠は当初はそれを「前への抜きつけ」という風に漠然と呼んでいた。ところが二年くらいすると——大体一年に九回か十回の割で通っていた——「石火《せっか》」という名でその型を呼ぶ。構えている周りの地中に一個の石が埋もれていると想定する。剣を抜いて前へ出るには、その気迫の熱気

住吉明治師、山月の構え（九章参照）

が、爆発する火となってその石を割るくらいの気勢をもて、ということらしい（実は柳生流にも「石火」はあって、別の意味だ）。あ、本当の名はこれなのかと思って五年を過ぎた頃、「□□」という名を告げられた。それは大和言葉で、その技を行なう際の心根というか願いというか祈念ともいうべきもので、一子相伝のその流派の先祖から伝えられるものだった。それを知ることになった私も、門外漢には言わないよう求められた。

まるで古代か中世の言霊《ことだま》のようだと思った。けれど、何年かしてから分かってきたことがある。

その型が上達し、術が熟す程度にしたがってこそ、その状態にふさわしい名が意味をもち効力を発する、ということである。

初心者がいきなり、二、三番目の名を告げられても偏った解釈をしたり、混乱を招いてかえって進歩が妨げられるかもしれないのである。

ここに、ことばとそれが喚起するイメージ、つまりこころの働きと、からだの動作や技との関係が象徴的に表れている。

万葉学者の中西進（一九二九―）の著作で知ったことがある。万葉集の編者で歌人としても名高い大伴家持の大伴氏は、その名の「伴」の字の通り、おおきみ（天皇）を護る武人の家であった。家持に限らず、安麻呂、旅人、坂上郎女《さかのうえのいつらめ》とたくさんの歌の名手を武の家の大伴氏が輩出したのはなぜだろうか。それは、王権に反抗する者たちを、まず言向け（ことばで平和裡に説得する）し、それが不可能の時に、いよいよ武の実力行使に出たのである。大伴氏にとって武術と同じくことばの術である歌も大切だったわけだと、中西氏は語る。

こうして、「武」と「文」は表裏となって密にかかわっていたことも興味深い。

文と武の関係の次には、武術と医術の関係を見てみよう。

人間の闘争、殺《あや》め方、その防禦《ぼうぎょ》法等を探求する武術、武道。これは人間の行為のいわば極北に位置するものといえる。その対極に位置するのが、一つは医術。人の生命を養い、危機に瀕するからだを癒し保ち安んじさせる。その医術が精妙至極に人体やその生命活動を観察するのは言うを待たない。

ところが伝統的な武術も、極度の集中や激しく力や技を揮《ふる》うため、本来、人体についてはとても精妙な観察をしているのである。どこを突けば相手のからだやこころをくじけるか、と裏腹に、どこを大切にすればよいかも深く観察される。それに伴う活法（蘇生術）もある。だから、現代でも、古流の武術の流派に伝わった家伝の薬や処置法で、腰痛を治療する治療所がある。そこは海外にまで支所があり多くの患者が通っている。また、柔道家が柔道整復師としてほねつぎ（骨折や捻挫を治す）の看板を出しているのも知られている。

その医術でも「文」——ことばが大切にされた。

イスラムの哲学者の一人で、もともとは医者だったアビセンナ（イブン・シーナー）（九八〇—一〇三七）は、治療はまず、「ことば」が大切だ、と述べている。その次が薬（薬草）、そして最後に刃物（メス）。アビセンナは古代ギリシャのアリストテレス等の研究に深く、やがて西欧の神学や哲学に大きな影響を与えた。文字とことばで表現されたその思想には、医者としてのことばの実践的な活用を結びつけていたのではないだろうか。そして現代でも医術は、アビセンナの言うように、本来はもっとことばを大切にするべきだと思われる。

およそ、人間の活動には、次の三つの側面がある。どれ一つ欠けても充分には成り立たない。

からだ（生き物としての身体。自然法則や物理法則に従う身体。感覚作用を伴い、動作やポーズをする。イキモノ・ナマモノとしての身体でもある）

ことば（呼吸で空気を震わせて様々な音を表す話ことば。文字。他にことばに準ずるような記号や図形や象徴も含む）

こころ（想像力、意識、感情の変化、知的活動、論理的思考等）

この三つの括弧の中の内容は、大ざっぱすぎるかもしれない。けれど本書で扱う身体技法や武術を理解するには、これで間に合うとしておこう。

三つが（時には二つが）互いに融合して和し、時に相克しながら展開する。三つ巴か、三重の葛藤か。文化、文明の展開も人の生活もすべての営為は、この三つの関係でとらえられるだろう。一つとして欠けたまま、ということはないはずである。

昔から身体技法などで「実行」を重んじる世界では、ことばの多いことが、無闇に飾りたてるものとして嫌われてきている。一理ある。けれど少なくとも次のようなことばに関することは含んでおいてよいだろう。

たとえば、言語に絶する力を感じた、とか、いわく言いがたい動き、とか表現されることがある。けれどその場合でさえ言語に絶するとか、言いがたいという「ことば」がすでに何かを形容している。


では、ことばとこころのかかわりはどうだろうか。やや恣意的だが一、二の例を挙げる。

たとえば、あるところが、大きな水溜りのようになっているとする。水は動いているのか、そうでないのか、どちらともつかず漠然としている。そこで、石か木で程よい枠型をしつらえ、その場所に適当に置くと、たちまち水は活気ある流れを生じることがある。そのように、ことばという一種の枠型をしつらえると、もやもやしてとらえどころがない気配やものが、鮮明になり、活気付くことがある。

はっきりしないで不安になる体調を医者が説明すると、患者はそこに明るい光が射したかの如く筋道が見えるような気がする。仮に診断して告げられる結果が芳しくなくとも、それが次の一手への足がかりにはなり得る。

けれど、「語る」ことは「騙る」にも通じる危なさもある。「すべてのものは言葉によってできた」と聖書にはあるが。

人は、「ことば」をどの位置に据えるかが常に問われる。

人のことばもこころも「直立二足歩行」から始まる

何百万年か前、ヒトの祖先のからだが直立二足歩行の様式をとり始めた。やがてそれが熟して、手と指の自由を得、道具を作り、火を統御し、そしてことばを用いるようになった。では、こころの働きはどうだったか。こころもことばと並行するか、深くかかわりながら進化してきたとされる。

ことばの萌芽のようなコミュニケーション手段は動物にも見られる。こころもその芽生えは動物の段階で観察される。そして直立二足歩行の姿勢と共に、人間のことばとこころは互いに呼応し、変遷、進化し、それまでとは異なる次元が開かれたとされる。

こうして、からだ、ことば、こころの三側面は、様々なプロセスを経て人間に備わり、文化、文明を為してゆくことになる（三側面を備えた人間が、三つを活かすか、あるいは三つに活かされれば、充実して自由な存在になれる、というのが、空海——弘法大師の説く身（シン）口（ク）意（イ）の三密の説である）。
それぞれがあたかも個別に独立していると考えられたりすることがあっても、三つがしっくりと組み合わされれば、単なる足し算の平板な和とは次元を異にする世界が開かれる。充実し、自由で「幸せ」に満ちた状態が実現する。

どんなジャンルの術や技の名人技も、そのような三つの裏打ちがあるはずだ。技でなくても、三つの一致した働きで、人は「宇宙と一つ」という、いわゆる「神秘体験」に触れることがあり得るだろう。自分が世界、宇宙の中にしっくりと存在していることを肯定感と共にとらえるだろう。

冒頭で述べたように、十五歳で私に生じた、極めて強烈な身心の体験も、ややそういう境に近いだろうか。

ただし、それは、私が意図をもって図ったものでもなく、特別に何かの努力ある行ないを持続したわけでもなかった。瞑想も祈りもしていない。夢中で、トルストイやガンジーを尊敬し、喘息に終始苦しみもした遠い国の作家の紡ぐ物語に没入していたにすぎない。そして、読了した瞬間にそれは「やって来た」のであった。そこに、私が己《おのれ》の実力の結果として誇るべきものは何もない。私はこの短いビジョン体験で「悟った」こともない。それからの私の何年間もの行ないを振り返ってもそれは明らかだ。ただ、この時、初心《うぶ》で、読んでいるうちに並々ならない熱意が生じていたことはあった。物語（ことば）、そしてそれに触発されたワクワクする感情や好奇心（こころ）が、少年の身（からだ）に応えるほどの衝撃をもたらしたのは確かであっただろう。

もちろん、からだ、ことば、こころは思想や文学、宗教や瞑想というやや非日常の特殊な構えのみにかかわるものでない。三つはごく日常のあらゆる場面に通じて働くのである。個人としても集団としてもどれかが欠けた行ないは破綻しやすい。

現代、私たちの生活、環境、文化は、極めて複雑な言語宇宙や緻密な記号等の群れに包まれている。そしてそれらに基づき、裏付けもする科学技術、テクノロジーが、私たちの身を厚く覆っている。便宜性や能率は極度に高まるかのような様相で、私たちはそれを享受しているが、身もこころもそれに引きずられがちである。

けれど、依然として変わらないことがある。私たちの身（からだ）は、地球という天体に三十八億年前に生じて存在し続ける生物に連なるものである。イキモノであり、ナマモノでもあるのだ。

そのようにこの身の変化や「無常」を観察し、痛感してこそ、ことばを計り直せるだろう。その時に新しい可能性が拓かれるだろう。

芸術、武術、瞑想そして生活などの過程を通して、「からだ」「ことば」「こころ」の三側面の展開を述べたい。

二章

円相が呼吸する

村上春樹『1Q84』とダンテ『神曲』

村上春樹の代表的な長編小説の一つ『1Q84』の中に、身体についての面白い、そして大切な叡智がそれと思わさせずに仕組まれている。

この小説の筋は単純でない。主人公の若い男女、それぞれが別個に込み入った苦境に陥る。プロの殺し屋になったり、得体の知れぬ宗教団体やコミューンの怪し気なメンバーに命を付け狙われたり、いつも家族との問題が絡んだり、出口の見えない、次元が錯綜した袋小路に入って彷徨《さまよ》い、あがく。そして、その過程で、物語がターニングポイントを迎えそうになるたびに、空を見上げると、昼でも、月が二つ——一つでなく——浮かんでいる。主人公等の運命の曲がり角ごとに月が二つ。あたかも、世界、宇宙が奇妙に薄く分裂でもしているようだな……。これが効果的で読む方も何となく不安にさせられるのである。

そして、長い入り組んだ蔦のような話の筋道がようやく解かれ、どうしても互いに出会えなかった二人が遂に出会え、将来が見え始めようとしたその場面で、空には月が「一つ」になって懸かっている。

これは、たとえば蕪村の有名な句、

月天心　貧しき町を　通りけり

を思い出させる。様々な矛盾に埋もれるかのような巷の人々も、天高くに月がすべてを包み込むように照らしてゆく。その月を通しての統一「ユニティ」の感覚、つまり世界と自分がどこかつながっているという感覚——これは月の円相がそれ自らの円の「中心」へと柔らかく、見る人の心を誘うものがあるからではないだろうか。村上春樹はこの長編を書くにあたって、ユング（一八七五—一九六二）の心理学を研究し、他の場面でもそれを用いていることがあるらしい。ユングは精神を病む患者が、しきりに円輪を描いたり、中心をもつ図形を描いたり夢に見たりするのを知って、これを仏教などのマンダラと連関させて研究した。マンダラには中心をもつ円輪などが多いが、精神のバランスを失いそうな患者はそれに似た図形を描いて、心の釣り合いをとろうとする。実際にはもっと複雑で、この療法がやがて立体的になって「箱庭療法」として行なわれたりもしている。

『1Q84』の分裂した月が一つに統一したのも、蕪村の月も、このマンダラとその中心

窮極に現れる天使たちの大円輪
『神曲』より
/画 ギュスターヴ・ドレ

を思わせるのである。

円相は西欧の文学、思想の古典中の古典であるダンテ（一二六五―一三二一）の『神曲』でも重要な役割をしている。

自ら主人公として登場するダンテは、地獄、煉獄（地獄と天国の中間界）を経巡って遂に天国の窮極に至り、そこで無数の天使たちが大円輪を描いて飛翔しているのに出会う。無窮の光輪（図）。これ以上の世界は言語で表現できぬ、と語られる。ハルキとダンテ、二つの彷徨の物語は共に円相に収束している。

こうした例を挙げると、円相は一般に文学や詩や芸術の象徴や比喩として用いられるとしか思われかねない。けれど、私が強調したいのは、円や丸などの、一見象徴としてとら

ボディ・テスト・ゲーム

円を想い描くと体が柔軟になる

❶「自然体」で立つ。足幅は肩幅より少し大きめに。
❷そのまま、体の柔軟性をチェックするために、前屈して、両手を床につけてみる。どのくらい曲がるか、しっかり曲げることができるにしても、どのくらい容易に、あるいはどのくらい努力して手が床につくのか……。それなりに、自らの感覚を覚えておく。このチェックは一度だけでよい。
❸自分の足元から前方の床に円を想い描く(図)。その直径は自分の身長くらい(想い描く手助けに手を用いて、指先の延長が見えない筆先であるかのように見立てて描いてもよい。これは、想像力による遊びである)。
❹自分で床に想定した円の中心あたりに両足を進めて立つ。 二、三秒そのまま。
❺前屈して❷と同じチェックをしてみる。
さて、❺では❷と同じことをしているのに前より体が柔軟になって容易に曲がるはずである。

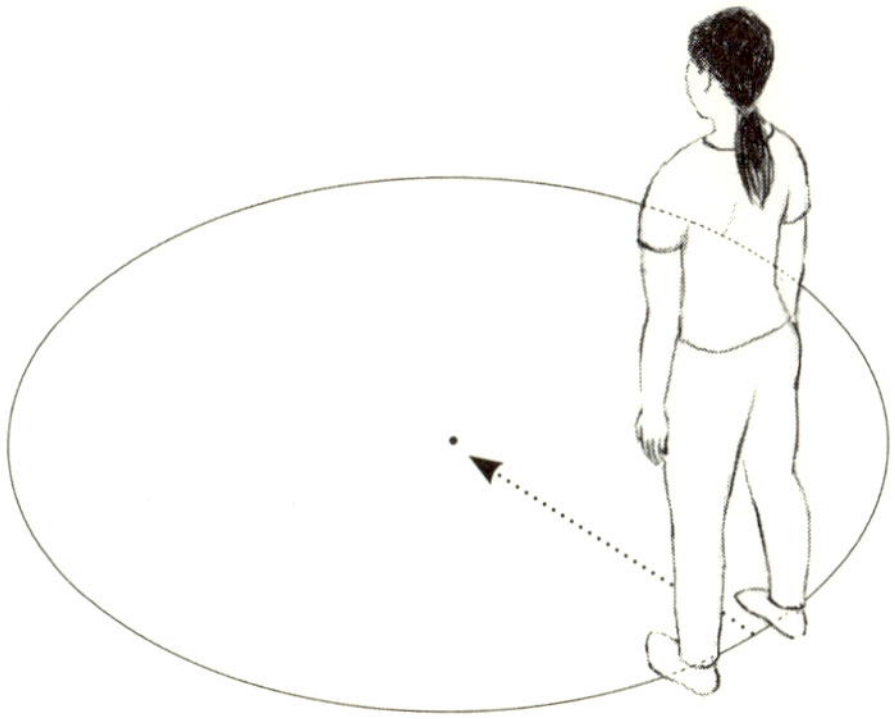

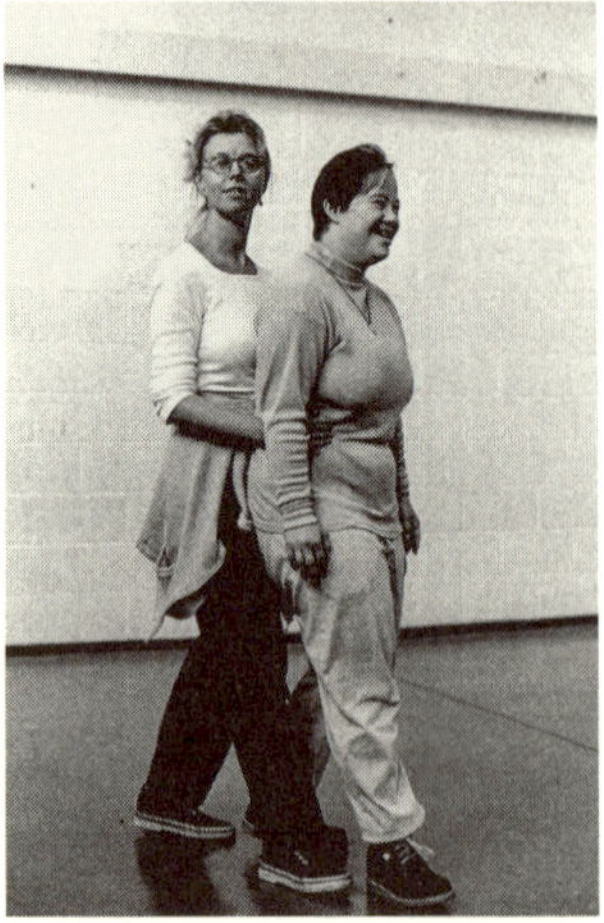

演劇療法をするエマニュエル・ボンナー氏

えられる形は、はっきりと私たちのからだにも働きかけ得る、ということである。それはからだの活動のリズム、柔軟さ、集中とリラックス等を変容させ得る。そして無論、こころの様相もそれによって変容することがある。

35頁のような、想像力とからだのちょっとしたボディ・テスト・ゲームのような実験で、それが納得できよう。

ベルギーのブリュッセルに住む演出家のエマニュエル・ボンナー氏は、通常の演劇人としての仕事の他に、市の事業の一貫として、ダウン症の人たち(成人)に演劇療法を行なっている。

そのレッスンの一つに簡単なリズムを用い

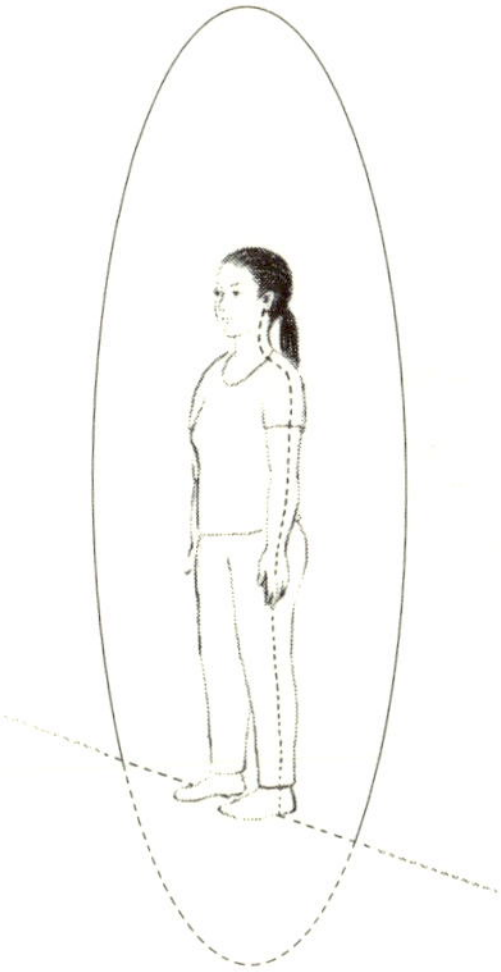

自身を円相で囲む

て身心をほどき、整えてゆく試みがある。「一、二、三」の三拍子や「一、二、三、四」の四拍子を打って刻んだりして誘導するのだが、参加者は、それだけで反射的に身を硬くしてしまうことが多い。私の講習会で、円相の働きを知ったエマニュエル氏は、先に紹介した「円を想い描くだけで体を柔軟にする」をさせて、各々の前の床に描いた円の中心に立ったままリズムを刻むように仕向けたところ、それまでとは比較にならない程うまくいったという（36頁写真）。

実は、私たちは、上図のように、立ったまま、自らを円相で囲むこともしている。そうすると、それだけでも、身心はゆったりとし、呼吸も深くなっているのである。

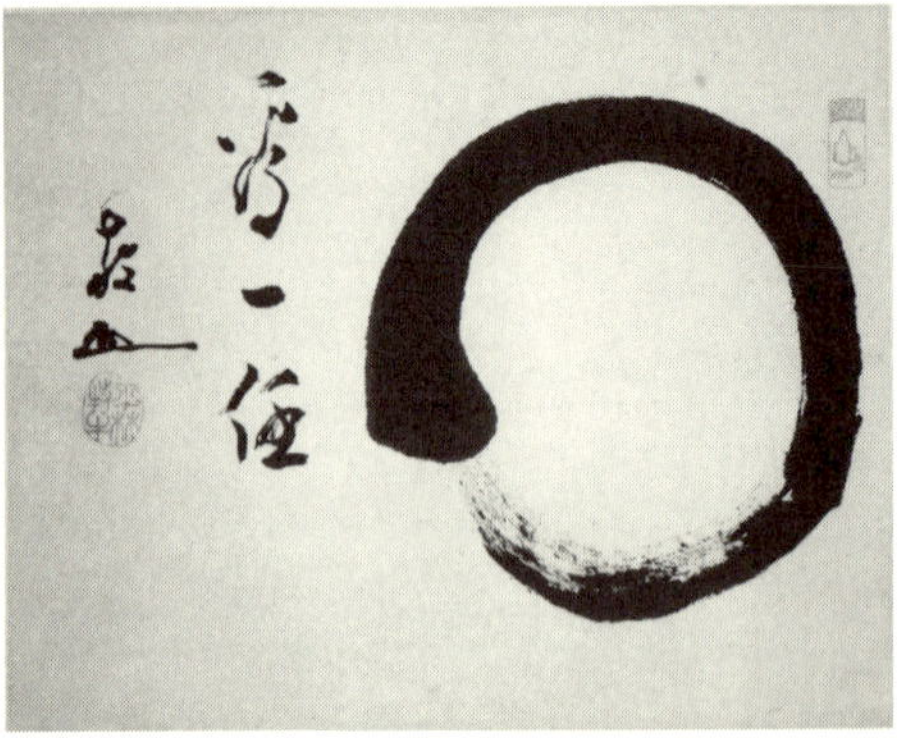

禅僧の円相
白水敬山老師揮毫　勝林寺蔵

自らの側面がこの円の面で分けられている感じである。もし想像できるなら、この円はどんなに大きくても、下方が床（地）の下に伸びていてもよい。

円は空海、親鸞、日蓮にもあった

円相は人の身心や行為や技やコミュニケーションに深くかかわり得る形だ。私は、あえて人間の存在の様式、あるいは構図にかかわると言いたいくらいである。

人類と円相とのかかわりはおそらく月や太陽の円輪に発するかもしれない。五木寛之の小説『親鸞』に、二上山の傀儡《くぐつ》の女が唄う場面がある。

おやをおもわば　ゆうひをおがめ
おやはゆうひの　まんなかに

これが（おそらく五木氏のフィクションだろうが）、その後の親鸞の阿弥陀仏への信仰を暗示することにもなっている。ほぼ同時代の日蓮の方は、同じ太陽でも朝日の鮮烈な光と共に法に目覚めて、その活動を始めたことになっている。東方――朝日の題目、西方――夕日の念仏の対比が鮮やかで、その後の日蓮系統と浄土門系統の活動、傾向とかかわっているようにも思われる。

少し時代は遡るが、空海――弘法大師を祖とする真言宗では、瞑想の際、月の輪の中に、真如あるいは宇宙の初源を意味する「阿」の字を描いた図象を行者の前に掛けて行なうのを基本としている（月輪観《がちりんかん》あるいは阿字観）。この際複雑なことは省くが、この月による円相を前にして、瞑想者は、ゆったりと心を落ち着けやすくなり、同時に統一しやすくなる。

禅宗では、形にも色にも物にも人にも、仏陀にさえこだわることを嫌うが、それでも中国では七世紀頃から、禅僧が「悟り」に達すると、その表現として筆で円相を描くことが始まった(38頁写真)。その習わしは我が国にも至って様々な禅僧が様々なスタイルで円を描いている。円は「無」や「とらわれなき心の働き」などの象徴となってもいるわけである。

韓国では二十世紀前半に、仏像の代わりに「円」を中心に据える「円仏教」が創始され、以来、社会奉仕や教育活動にも広く携わっている。そのくらい仏教と円は照応するものがある。

もちろん神道でも、多くの神社では円い鏡を社の中心に据えている。すべてを映し出す鏡――おそらく往古、技術的には他の形より製作が難しかっただろう「円」の鏡をなぜ用いるのか――やはり、それははじめは日、月などの天体に触発されただろうにしても、「円」のもつ微妙だが強力な働きのせい、としか思われない。いずれの場合も、触覚や視覚を通して得られる円のイメージだが、結局はからだにもこころにもはっきりと働きかけるのではないかと、私自身は身体技法の体験などから思うのである。

グッド！とマル

指で丸を作って見せると、私たちは「よし」とか「ＯＫ」とか「大丈夫」の意味にとる。西欧では必ずしもその通りの意味ではない地域もあるらしいが。実は、指先の「マル」だけでも、場合によっては、とても大きな効果が全身に及んでいる。次頁のちょっとした実験では、思いついてすぐに何人かにやってもらった私自身が仰天したくらいの結果が出たのである。

指先で丸を作っても、先のボディ・テスト・ゲームのように、集中して想い描いて全身で丸をこしらえているのと同じことがからだに生じているのである。

この「丸」のジェスチャーに限らず、私たちが印《しるし》とかシンボルと思っているものは（厳密にいうと印とかシンボルは、それぞれ異なる働きのものだが）、いずれにせよ、私たち自身の活動のエネルギーや身心の働きや状態を変容する作用力をもっているからこそ、シンボルとされるのであろう。ただし、元々はそうであっても、それが慣習化される過程で記号になったり、抽象化されてしまうと、元々の働きは失せることがあるだろう。そのあたりは心理学、言語学などでも様々に分析、検討される問題ではあろう。

ボディ・テスト・ゲーム

親指と人差指でこしらえた「丸」は からだにも効く「OK」印である

❶床に坐って両足を伸ばす。
❷両手を伸ばしてできるだけ屈伸してみる。これで一度だけ柔軟性のチェック（写真）。
❸両手首から先をブラブラと振って充分リラックスする。
❹左右の手の親指と人差指でそれぞれ丸印をこしらえる（指同士は互いに柔らかくそーっとくっついているだけでよい。硬く締めすぎないこと）（写真）。
❺❷と同じチェック。❷よりも柔らかくなる人がほとんどである（写真）。

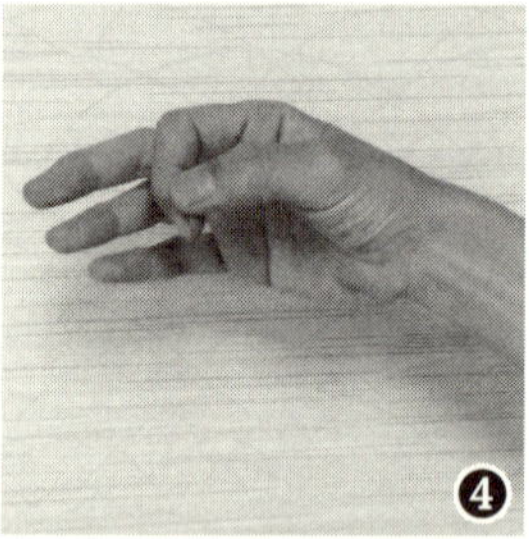

私が、本書でいくつか提示するこのようなからだの実験でも、似たニュアンスのことが問題になり得る。たとえば指先で「丸」をこしらえる時、頑なな程に真剣に「マンマル」にするより、子供のように遊び心をもってした方が、はっきりと結果が出やすいのである。集中しても、こわばった、あるいは無味乾燥な記号のように丸や円を扱うと、結果ははっきりと出ないかもしれない。といってこれが単に気持ちの問題――自己暗示にすぎないというのも言いすぎである。伝統的な表現を借りるなら、カタチのカタは鋳型のカタであり、外面的なもの。そこにイノチのチ（見えないチカラのチ）が入って、はじめてカタは、いきたカタチになるというのである。こういう発想にはヤマト言葉のニュアンスが入っている。

武術の極意に活きる円相

太極拳では図版で技の手順を示す際に、技を示している人体の周囲に円を描いて囲んでいることがある。

そうすることで型やその変化や全体のバランスをよりよくとらえられる。左右、前後、上

ダ・ヴィンチ
「ウィトルウィウス的人体図」の模写

下など、より的確にとらえられやすくなる。有名なダ・ヴィンチの人体図の円（図）も、同じ効果をもっている。

45頁の図は、フランスの知人のララ・サラバッシュ氏の母親が翻訳を生業としていた時、著名なアメリカのフェンシングのマスターのテキストを訳したその中にあったもので、実際の試合でもこうして円の中に相手をとらえることが役に立つのである。

日本の古武術の流派も円相を極意の中にとり入れたものが少なくない。円相の中に我が身を置く、あるいは相手（敵対する者）を円相で囲むように想定してゆく。あるいは構えた剣で円を描く(これは小説だが、『眠狂四郎』に「円月殺法」としてとり入れられたりして

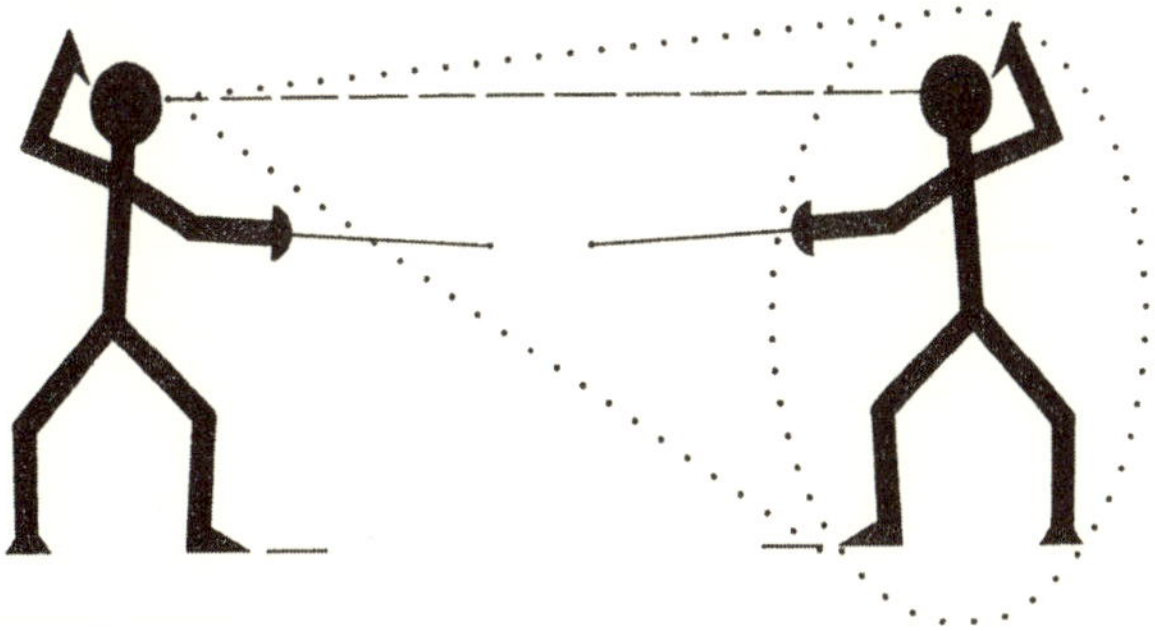

Julius Palphy-Alpar 著
"Sword and Masque"より

いる)。他に思い浮かぶのが勝海舟の従兄で真の名人と謳われた男谷精一郎が継いで、今でも行なわれ続けている直心影流の型「法定」の奥義や、古武道とはいえないが、植芝盛平の合気道などもある。これらはある程度技の修練を積めば、「円」が単なる観念的な理想の形でなく、たしかに有効性をもっていることが納得できるのである。

宮本武蔵(一五八四—一六四五)創始の剣術の流派は、「二天一流」が有名だが、もう一つ、それより若い時を源とする「円明流」というのも現存している。この流名は仏教の発想からきたのかもしれないが、もしかしたら私が述べてきたようなそれなりの「円」の働きが技や工夫に影響しているのかもしれない。武術の流派名や技の名はその実質と何らか深く呼応していることが多いのである。

現代絵画の作家で野田弘志という人がいる。リアリズム絵画ということだが、実に緻密に厳密に対象（人物や化石など）を描き出す。単に細密に描き出すのでなく、対象の「現実」を、野田画伯の観方で一般の人が現実を見るよりも遥か深く、遠くまでとらえる画である。複雑な形と線を大切にすると思われるこの画伯が描写の訓練として教える一つが、逆説的にも掌《てのひら》大の直径の正円をコンパスを使用せず線描することである。完璧なもの、正円を求める気持ちで描け、それが他の幾つかの訓練と並んでデッサンの基本になる、と説く。

このようにものの現実――リアリティを描き出す時の基本としての円と通じると思われることが、実は、西欧哲学の祖の一人アリストテレスのエピソードの中にもあったのではと私は想像している。彼は臨終の際に「私の円はどこへ行った！」と言った、と伝えられている。ならば彼にとっては円が万象を観察し、思考する際の補助となり基本になっていた？　と想像したくなる挿話である。

野田画伯のことを私に話してくれた詩人谷川俊太郎氏は、新聞の毎月の氏の詩のコラムに、だんだんとココロの色合いが褪せて、かすれてきた、ココロはカラダと一緒に、モノクロ写真になった……と書き（ここまでは坪井が要約した）、次に反転、次のような句が続いてこの詩は終わる。

いっそもう一度
まっさらにしてみたい
白いココロに墨痕淋漓《ぼっこんりんり》
でっかい丸を描いてみたい
『心の名』２０１０年5月10日朝日新聞より

円は新たにそこから何かが生成され、発してくる「ゼロ」の場でもある。

さて、円を描く際、幾何学や数学ではもちろんコンパスを用いた。今ではパソコンも。けれど、人が禅僧のように白い紙に墨痕淋漓と描いたり空中に想い描く時には、円を描くに従って自ずと中心が想定され、計られてゆく。コンパスの機械的な中心でなく、ぐるっと描くその身心の活動の過程で「中心」の見当をつけてゆくのである。

それには自らの身心の釣り合いが絶妙にとられなければならない。円周が描き出されてくるプロセスで描く者の身構えと、その釣り合いの中心が問われるのである。

だからこそ、禅僧は解脱（サトリ）の境地を「円」に託したくなったのだろうか。このような円は、可能性に満ち満ちているように見えるのだ。

もう一つ、芸術活動の現場で、円相を用いてセンスを養い、技術の裏付けにする方法について、現役の音楽家、林晶彦氏が興味深いことを話してくれた。

それは、小澤征爾氏の先生だった齋藤秀雄氏（一九〇二―一九七四）が講習会で指揮法の基本は「円」だ、と説いていた、というのである。

その弟子の小澤氏がいつも言っていることには、日本人である氏が、若い時から欧米の最も有力な交響楽団で活躍し続けられたのは、齋藤先生に「音楽の文法」を叩き込まれたからだ。西洋人は、いわばからだの中に西洋音楽の文化が染み込んでいるから、無意識にできることがある。けれど、日本人は、その、彼らが無意識でしていることを意識化して、その構図をとらえてからだに叩き込まなければならない、というのである。しかし、もし明確にからだに叩き込んだら、西洋人に劣るどころか、優ることもできる。

私は、早くからあらゆる身体活動、ジャンルを超えた身体技法の、洋の東西、古今を問わない「身体の文法」を発想し唱えていたので、私としてはそれからしばらくして、小澤氏の師匠の以前からの「音楽の文法」を知って驚いていたのだった。しかし、その内容はよく分からなかった。齋藤氏の講習を受けた林氏によると、その一つが、指揮棒（ないしは指）を揮う際には、円相を描き続けるのが基本だ、というのである。

これは私の解釈も交えてのとらえ方だが、円は「全体」であり、また「ゼロ」のようなものだ。そこに、すべての拍子が含まれる。あるいは拍子以前の拍子がそこにある。そこから二拍子、三拍子、四拍子とあらゆる拍子を刻む腕の振りが出るようにすればやりやすい。齋藤氏は、拍子が行き詰まりそうだったら、またその「円相」の動作に立ち戻ればよい、というのである。

これは、武術等の型の円相にある発想にもとても似ていて驚嘆する。もしや、齋藤氏が武術等に関心があったのか、と思いたくなる程である。

けれど武術だろうと舞いだろうと絵画だろうと、円相は常に通底して表に出てくる技や表現を支えているわけだろう。

オノ・ヨーコ、円の発想で危機を乗り越える

小野洋子（オノ・ヨーコ）（一九三三―）は、ジョン・レノンのメモリアルプレースとして写真のようなモニュメントを作っている。ニューヨークのセントラルパークの一角の地面に円い形が設えられ、中に〈IMAGINE〉と記してあるだけ（51頁写真）。彼を偲びに来た人はその傍に立っている――この円形――何気ないようで、とても印象的なモニュメントだ。

実は、オノ・ヨーコ氏と円は強いかかわりがあると私は思っている。

夫が目の前で射殺されたその時、弾丸がすぐ傍を通るのを感じて、死の恐怖に慄《おのの》いたが、彼女が苦しんだのは、むしろその後だった。関係者の何人かが、ジョンの死は彼女のせいだとして糾弾したのだった。それが何日も続いて彼女は精神的に参って、自死も考えたという。そういう時、誰に教わったのかは私の知る限り記していないようだが、彼女は毎日（多分ベッドに就く前か）、そういう何人かの糾弾者に対して「祝福」の念を送ることにしたという。彼らを好きになったり愛することは難しかったけれど、ともかく祝福の念は送った。もちろ

ジョン・レノンを偲ぶ円形のモニュメント
"IMAGINE" オノ・ヨーコ作

ん、目の前にいるわけでない。彼らの存在を想うのである。そして、その想念上の彼らを想い描いた「円」で囲んだ、というのである。ここに私が言ってきた「円」のフォーカスの作用力がどのように働いたのだろうか。毎日続けていると、比較的に短期間の中に、彼らの態度が変化して、敵意の矢を彼女に放たなくなったり、彼ら自身の境遇が変わったりして、糾弾がなくなった、というのである。これは私の記憶ではたしか日本の代表的な月刊誌の一つに載っていたエピソードだと思うのだが、どうも彼女自身の筆でなく、誰かが書いたものらしく、大宅文庫にまで行って探したが、今、出典が明らかでない。

オノ・ヨーコ氏は禅の思想にも関心をもった

りしていたので、円相はそこでヒントを得たのかもしれない。むしろ彼女の芸術活動に見られるセンスがそうさせたのだろうか。ともあれ、円相のメモリアルプレースは彼女のそうした体験と無縁でないと思われるのである。

私はこれについて読んだ時、直ちに私たちが稽古の一環として行なっている武術「やわらげの武」に応用できると思って、円相の実験をしてみた。すると、円相を描くのみで、これまでやってきた技も新しい工夫の技も、びっくりするくらい楽にかかるのだった。

そうして私は、先に述べたような昔から伝わる武術の極意にある「円」に触れた感じがしたのだった。ずっと以前に私の合気道の師匠だった山口清吾師は、創始者の植芝翁からある時「円」のことを伝えられたと私に話してくれた。それは、剣で、ぐるぐると空間に円を描くだけの動作で、「これだけやってれば五段をやる」と、師匠は入門してそれ程たっていない若い時に植芝翁から言われたのだった。私は何となく、そうかな、と思っていたのが、オノ・ヨーコの円相の活用によって思い起こされた。そのままではないが、それもヒントの一部として、道場で活用し、様々な、円相の応用工夫を確認し、発見し、技を深化させることもできたのだった。そうしてみるとこれは、健康法や集中法にも役立つことが分かってきた。

そして、私がオノ・ヨーコや円相のことを講習会で話すのを聞いたある女性は、仕事上の関係者との間で、人間関係がうまくゆかず苦境に陥りそうになった際にその原理を応用して、問題が解決した、と報らせてくれたこともあった。

これらは、外面的には身体的な活動が目に見える応用ではない。しかし、「こころ」のことも「からだ」のこととも密につながっているのではないだろうか。

イヌイットのシャーマン（呪術師）の「円」

村上春樹、ダンテ、禅、フェンシング、古武術、オノ・ヨーコ、セラピー等々と様々な場での「円」の活作用に触れてきた。

実は人類学上の研究で、一般には「未開」とされてきた世界の民族、部族の風習や儀礼などで「円」は多く観察されているらしい。その一例。

「内に光を宿して見るシャーマンのまなざしは『大地のすべてが目の前の円の中に集められた』とするように、もはや常人のする肉眼視を超えており……」これは人類学者の研究論文に出てくるイヌイット（エスキモー）のある部族のシャーマンの世界のとらえ方、見方についての記述である（岡千曲著『北のオントロギー』〈国書刊行会刊〉所収「アピ鳥のまなざし」）。

部族の生活に時に指導的な役割をするシャーマンの直感的な英知を感得する伝統的な方法に円相があるというのである。

詳細は略するが、これと空海や禅や、ここまで挙げた現代人の「円」とは全くかかわりのないこととは思えないのである。円相は、現代人にも、ある種の「VISION― 洞察力、直感、観法あるいは世界を洞察する視力、知力」を可能にするところがあるのだともいえるだろう。それはそもそも、「人間」というものに備わっている筈の構図であり、可能性なのだ。

円相は想像力や思考さえ純化し深くしてゆく働きをするとさえ思われる。もちろん、その際「からだ」やその働きもかかわらせつつ……。

最後に誰にでもでき、遊べる、リラックスと安らぎのための円相の活かし方、そしてやや特別な活用法（遊び方）も紹介してこの章を終えよう。

ボディ・テスト・ゲーム

短距離走での円相の応用

これは体力のある、急激に動いてもさしさわりのない人向けの実験ゲームである。
❶百メートル走のように腰を屈めてスタートラインにつく、あるいは立って少しだけ身を縮めて構えるのでもよい——もちろん広いグランドや広場等で行なう。
❷まず自らを円相で囲んでいるように想像する（左図）。
❸百メートル走なら百メートル先（あるいは二、三十メートル走でも五十メートル走でもよい）、そのゴールラインで自ら走り込むあたりに大きな（想い描くのが無理のない範囲で巨大な）円相を描いてみる（右図）。一度描けたら、スタートの時はそこから視線を外してもよい。
❹スタートしたらその目の前遥か先の円相の中心に跳び込むつもりで走り込む。円相が自分を抱きとる、というように想い描いて跳び込んでゆくのである。
この実験ゲームは前もって円相なしのケースのタイムを計っておいてどのくらい実際に速くなるかを調べるとよい。結果に差が出てくることがあるだろう。

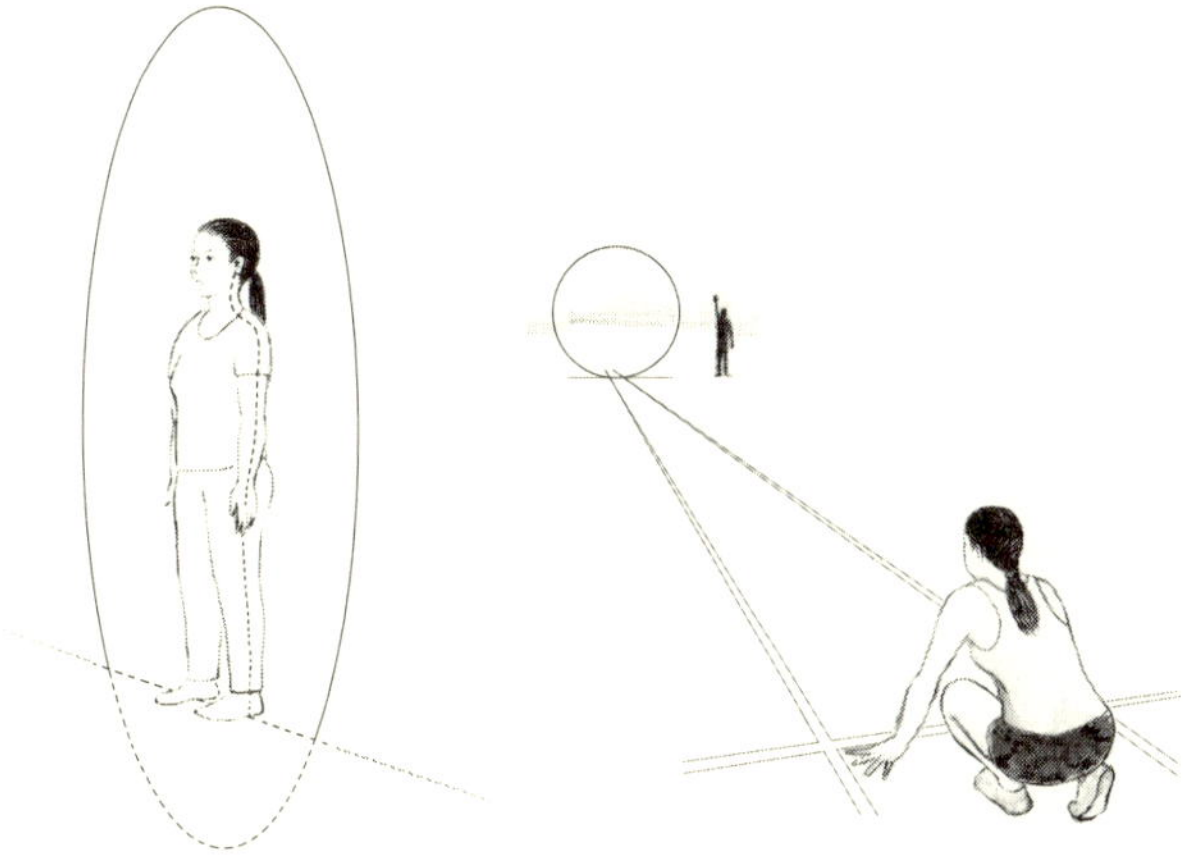

ボディ・テスト・ゲーム

円相の中で、
大らかに安らかに

❶仰臥する（目をつむってよい）。

❷自分の身の周囲の床に、〈からだ〉を大きくゆとりをもって囲む円を想い描く（図）。

❸しばらく横たわるのみ（寒暑その他の条件がよければそのまま眠ってよい）。

（これは、私たちが考案し実行していたのだが、先行者がいたことを何年かして知った。身体についても驚くようなユニークな叡智を遺したドイツの人智学創唱者ルドルフ・シュタイナー（1861―1925）は、眠りにつくときは円を極大まで、あるいはできるだけ拡げ、醒めたら円を極小にしてから起床する方法を説いたと聞く）

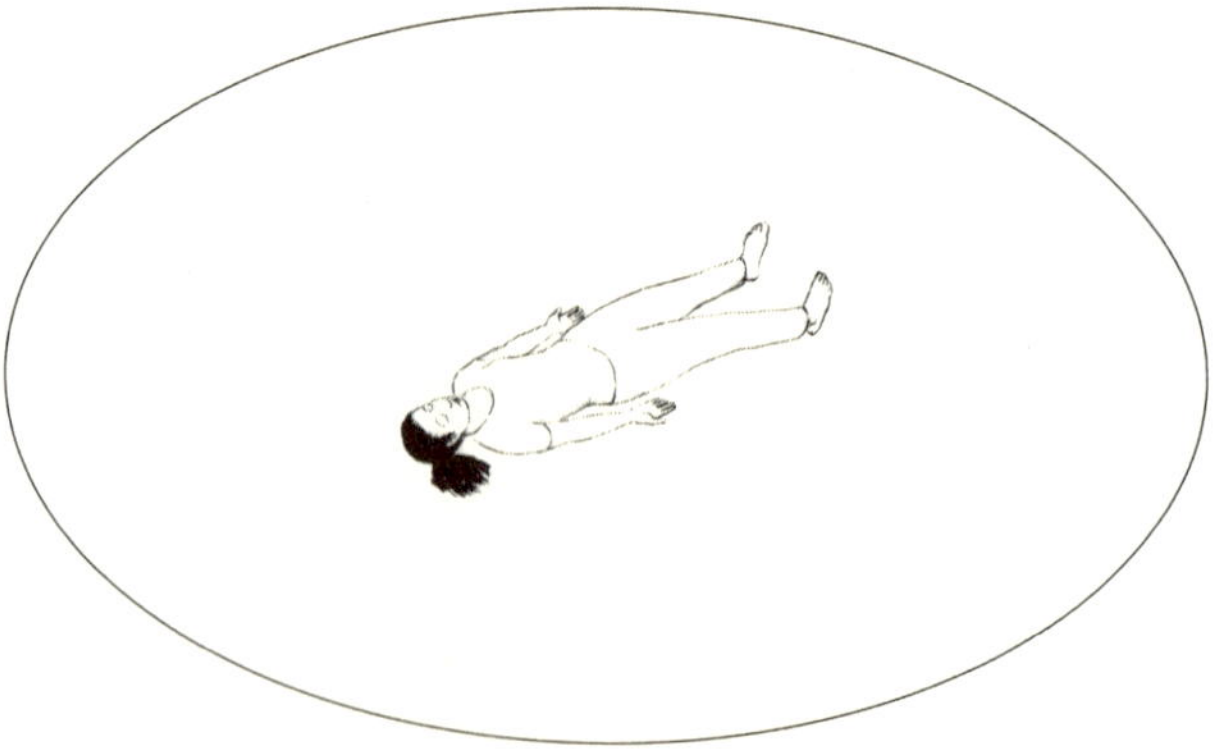

三章

赤児とマイケル・ジョーダンと仏陀の舌

舌は世界と出会う場所

バスケットの神様と謳われたマイケル・ジョーダン（一九六三―）は、そのプレー中の振る舞いに非常に特別なものがあった。それは、その長い舌を出しながらの動きである。取り囲んでくる相手チームの何人かをかわし、抜けようという時に舌を出す。エア・ジョーダンという綽名の通り、驚異的な高さに飛躍してシュートを放つ際でも舌を出している。

以前、テニスの国際的な強豪として鳴らしていたジョン・マッケンロー（一九五九―）は、ゲームのインターバルなどに、調整のためか意図的かどうかは分からないが、盛んに舌を出して身動きして顰蹙を買ったものだった。

直接舌を露出してはいなくても、野球のイチローなども、球を打つ一瞬に両頬をふっと膨らませることが多い。そうすると舌はゆるみやすくなる。他に、大リーグ、アストロズの俊敏な動きをする猛打者ホセ・アルトゥーベ（一九九〇―）が、打撃の際に舌を出しているケースもある。このようにすると、少なくとも舌は緊張しにくいのは確かである。すると全身がリラックスしやすい。

舌は、世界と人の「からだ」との最も直接的で、デリケートな出会いを司る場所の一つである。「からだ」を「いのち」と言い換えてもいい。

赤児は、懸命に母の胸からいのちを養う乳を吸うが、舌の最も鋭い集中と全身の最も深いリラックスが協力している。母と一体的になってそこから分泌される液を受容するのに欠かせない態勢である。

もしその態勢が妨げられれば、赤児は命がけだから、火のついたように泣き出す。

このような原初的な人間の営みや、世界、人との交流の様相こそが、人が成長して、様々な行為や技を行なう時にもふと出現してくるのである。それも思わぬところで。

私が触れた剣術の流派に、とてもユニークな技がある。それは、暗闇などで顔面や体の上部の方を剣や槍などで攻撃された時、身を素早く沈めて避ける術である。詳細の形は私もよくは分からないが、ともかく、舌を、マイケル・ジョーダンみたいにだらりと出して、アカンベエ状態で、すっと地へと身を沈めるのである（60頁参照）。

ジョーダンやおそらくイチローもテニスのマッケンローも、なぜ自分が舌を出したり、頬を膨らませたりするのか、その理《ことわり》を充分には意識していないかもしれない。舌出しや頬の膨らましをレッスンとして人に伝えたことも聞いたこともない。彼らはその抜群の身体感覚に

ボディ・テスト・ゲーム

舌を出して身を沈める

これは、誰でも簡単に効き目を試せる。
❶自然体で立つ（写真）。
❷口を通常のように閉じたまま身を沈める（写真）。
❸次に舌出しをしておいて（写真）、
❹❷と同様な勢いで身を沈める（写真）。
あきらかに舌出しの方がスムーズに、素早く身を沈める動作ができる。

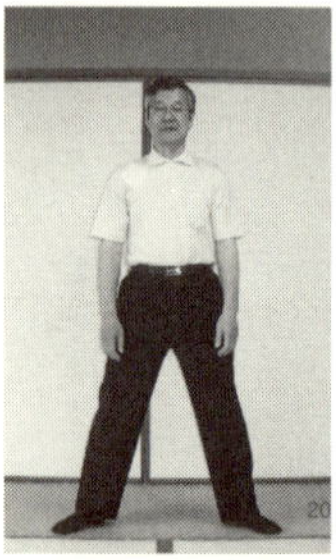
❶

❷

❸

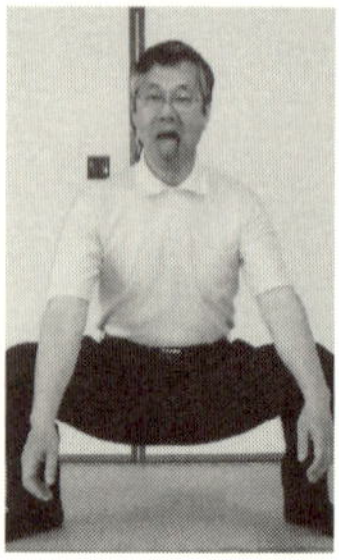
❹

よって、いつしかそのような所作をするようになったのか。

私が、この「舌」のことで、これだ、と確信し、自らも試したりして身につき出したのは、およそ八百年以上前の、中世から続くこの武術の相とマイケル・ジョーダンの姿が、照応するように目の前に出現したからである。もっと振り返ってみると、私が少年時代研究していたインドの「大聖」ラーマクリシュナ（一八三六―一八八六）が日夜その前で瞑想していたカーリー女神（日本に伝来して鬼子母神となる）の舌を出した物凄い姿、ニュージーランドのラグビーの強豪チーム、オールブラックスが、試合の前に、元はマオリ族に発するウォー・クライ（雄叫び）のダンス（ハカ）をする際に舌を出すことなどが印象に残っていたのかもしれない。なお、私が三十代前半で体験した「新体道」――青木宏之師（一九三六―）創始の前衛的武道――でも、基本の動きの一つに「舌出し」が含まれていた。

ともかく、ジョーダンと古武術、西洋と東洋、現代と中世の二つが「舌」を通して私の裡で結合したのである。

武術の方は、本来、命がけのものだから、とても深く、精妙に身体を（精神も）実践的に研究し尽くしているのは当然だろう。あらゆる可能性を十二分に引き出すための方法であるが、それによって己の身と心を痛めてしまっては何もならないので、よく身体の動きや構造、

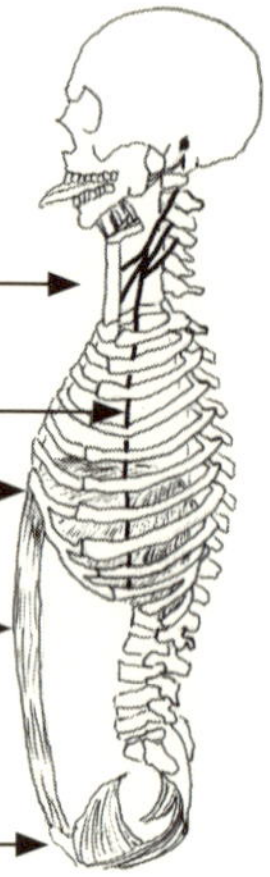

舌の支配神経は横隔膜などとも
密にかかわる（三木氏の図より模写）

機能を見極めている。だから、この舌出しも、そのような研鑽から伝承してきたのではと思われる。

ここまで、様々なジャンルの技などの達人の例を挙げたが、もちろん「舌」のことは、本来はあらゆる人間の活動に通底している。そこをもっと探ろう。

上の図を見ていただきたい。

原案は、三木成夫（一九二五—一九八七）という亡くなった医学博士で発生生物学者の作成によるものの略図である（『生命の形態学』〈うぶすな書院刊〉より）。三木氏は解剖学に取り組みつつ、生物や動物、人間の身体の進化、生成の仕組みを明らかにしようとした。その没後、評論家の吉本隆明氏が、もし、三木氏の発生学等の理論を知っていたら、自分の言語論はもっと深められ進んでいただろうと述べている。三木氏は私の実践している螺旋や特にメビウスの輪状の動きに関心を寄せ、その著書にもそのことを紹介してくれていた（『幻獣の原型と変容』共著、北宋社刊）。

この図を見ても分かる通り、舌は、横隔膜と同じく、前頭壁の直筋系に由来する。その支配神経は、腕の筋肉ともつながる、と三木氏は別の論文に、述べている。だから、舌をリラックスすることで、それらの個所を通して全身がリラックスしやすくなり、呼吸も深くなる。したがって、全身もしなやかに動ける……と私はとらえるのである。

ボディ・テスト・ゲーム

舌をゆるめるだけで、身がゆるめられる

❶椅子に坐って身を真っ直ぐ保つ（写真）。
❷身を前に倒して曲げてみる。その感じを憶えておく（写真）。
❸口の中で舌をリラックスする（リラックスしにくければ、何かこれまで美味しいものを食べた感じを舌で想い起こしてみる）。
❹もう一度身を前へ倒してみる。すると、前より深く柔らかく曲げられるだろう（写真）。

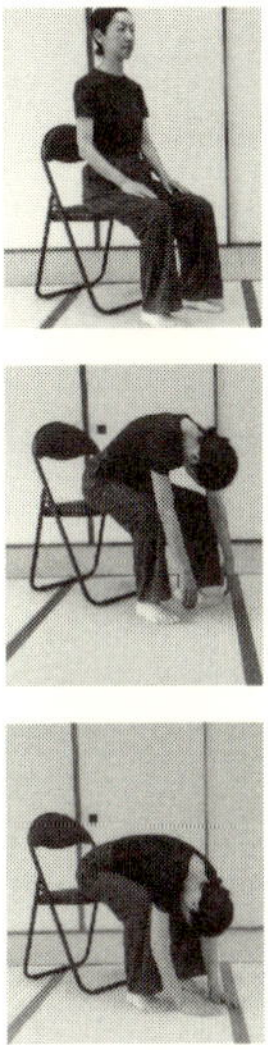

❶ ❷ ❹

このように舌のリラックスで身体の状況が一挙に変容し得るのである。

「舌」は、世界と自分の「からだ」やいのちとの、最も原初的な、出会いの微妙な場であると先に述べた。母乳は液状であるが、成人になって口にするものは、固いものは適度に噛み砕いて、唾液によって半ば液状にし、そこにエキスが溶けて舌に味わわれる。味わわれる、ということはエキスが舌の感覚細胞内に半ば溶け入り、触れることである。舌という場所で「外」――世界が「内」――我が身に溶け入るのを受容している。

これがテイスト（味わい）、つまり外界をテスト（試し）していることである。口中に容

ボディ・テスト・ゲーム

舌をゆるめるだけで、息が深くなる

❶椅子に坐って姿勢を真っ直ぐ保ったまま、ゆっくり呼吸してみる。
❷舌をリラックス（あるいは美味しいものを食べた場面を想い起こしてみる）すると呼吸が深く静かになっているのを感じることができる。
注意すべきなのは、リラックスすることは決して、単にボーッとしたり、茫然となることではない。逆説的だがリラックスするというはっきりした意識がないと、本当のリラックスはできないのである。つまり、よきリラックスはよき集中とペアでなされるのである（これは初歩の段階であるが……）。

れた外からのものをもっと受容するか、拒絶しようかとテストしつつ味わう、つまりテイストしている。生きる原点はテスト（試し）であり、テイスト（味わい）なのだ。人や動物の、世界との交信交流の原点である。人間の赤ん坊は、自己と元々は同体であった存在だが、実は「他」者の始まりでもある母との間で、テストとテイストを始めている。

ジョーダンも、平安末期の武術家も、このテストとテイストの原初の相を極意として用いているのだ。

彼は、通常対立して、我が身もこわばってしまいがちの敵（相手チームのメンバー）を前にしても、半ば母の乳を吸飲するのに相似した身体操作をしている。たしかに対決ただ中でありながらもそこに自らの身体の状態は、いわば母子一体——大げさにいえば世界との一体——の様相を保っている。最も素早く反応できるけれど、己の身と心に余計な緊張をもたらさず、とらわれずに動きができる……舌出しでこれを可能にしているのである。

自他の一体性の実現と展開の場である「舌」。私たちの存在の最も根源的な活動の場といえる。

仏陀、粥を食す――スジャータの話

長い歴史を通して、人類の多くに道徳や生き方など、たとえ時が経つにつれて変形されたり、都合よく解釈され利用されることがあったとしても、精神上の価値を支える柱になってきた思想を生み出した者たち。

釈迦、キリスト、ソクラテス、孔子、老子等、彼らを何人かの学者（哲学者ヤスパース〈一八八三―一九六九〉や仏教学者だった玉城康四郎〈一九一五―一九九九〉等）に倣って「人類の教師」と呼ぼう。

彼らにまつわる夥しい聖典や書物がある。けれど意外に、その思想の主である者たちと共にある「舌」についてはは充分には関心が寄せられてはいないかと思われる。私は充分多くの文献にあたったわけでもなく、またその力もないが、折に触れて垣間見ることのある彼らの食や舌についての言説やエピソードに胸を衝かれることがある。その代表の一つが、ゴータマ・シッダルタ――釈迦（紀元前五世紀前後）の、スジャータのエピソードである。

不自由なく暮らしていたインド古代の小国の王子ゴータマは、ある頃から、生きる苦、老いる苦、病いの苦、そして死別の苦に目覚め、世と人生の無常を痛感して、宮殿を抜け出て、究極の真理を求める生活に入る。これはと思った師についても納得がゆかず、断食して呼吸法を行ないながら、生死ぎりぎりのすさまじい苦行に没入してゆく。痩せさらばえて、骨と筋になって続けていたある日、近くに住むスジャータという女性が、ゴータマのあまりの姿に深い同情を禁じ得ず、一椀の粥を供したという。行者ゴータマはそれを受けた。おそらく、粥の供養は何度にも及んだと思われる。全身に活力が甦ってくるのを憶えたゴータマは、気持ちを新たにさらに菩提樹の下での瞑想に入った。そして、七日目に、遂に「真如」を得たとされる。私が仏教を教わった玉城康四郎先生によれば、「『ダンマ（法）』がゴータマの身に顕《あら》わになった」のである。こうしてゴータマはサトリ得たる者「仏陀」となった。ゴータマが粥を受けた時、それを堕落と非難して、その元を離れた、宮殿から随《つ》いてきていた何人かの同士と再会した時、彼等はゴータマがすっかり様相が変わって、平安と確信と叡智に深く満たされているのに心打たれ、直ちに弟子になった、と伝わる。

このスジャータのエピソードが、その後に展開される仏教の教義や理論と共に残されて伝わってきたことの意味は非常に大きい。なぜこのエピソードが語られ続けてきたのか。

人を「解脱」「最高の自由」「サトリ」へと導き、夥しい人々の人生を二千年以上支えてきた仏教の祖・仏陀、そこには一人の女性のピュアな同情心と、一椀の粥があったのである。

つまり仏教の第一歩、根本のところに「舌」も欠かせないのだ。

このように仏教は、厳しい無常観や行や冷静な理論と共に、味、という「うるおい」と共にある生の感覚もその源に潜めているのである。

人は食べなければ飢え、存在できない。そのことは基盤で、いわば「ハード」の方である。同時にスジャータやこれから取り上げる哲人や人類の教師たちの「舌」のエピソードは「ソフト」である。それは何も「教師」たちに限らず、食べること、味、舌についての人と生命とのかかわりを象徴している。

キリスト教では、イエスが食卓のパンとワインを示して、これを自分の肉と血と想え、と言ったところから、それに沿ってどの教派でも儀式が普《あまね》く行なわれている。我が国では、そうしたカトリックの聖餐の儀式もとり入れて、総合芸術、社交術である茶道が編まれたとされる。

神道では、その土地の恵みである、穀物、海産物、塩などを供える。

私が、ここで取り上げたいのは儒教の祖、孔子（紀元前五五二?—四七九）である。

孔子はある時、街角を通りすがりに驚嘆すべき音楽の調べを耳にし、深く感動して立ちすくんだ。そして、そのあと何日も、日頃は好んでいた肉を食べても味がしなくなった、と語っている。

これは何を意味するのだろうか。

私自身の小さな経験がある。二十歳代で、創始者植芝翁の存命の頃、合気道の道場へ通っていた時のことである。一時間の激しい稽古の後、特に夏季は、一キログラムくらいは体重が減るのが常で、ビールを友人と飲むのが実に楽しく愉快だった。ところが、年に一、二回だが、稽古がとても精妙でほとんど深い瞑想のような味わいになる。すると、ビールも酒も飲む気が自ずと失せてしまう。体調は悪くなくむしろ充実しているが、そうなってしまうのである。

今でも、「気流法」や「やわらげの武術」をした後は、いつもではないが、そのような時がある。たとえ飲んでも、ほんの少量で満ち足りる感じだ。年齢のことがあるかもしれないが、比較的若い人でもそうである（なかには、私たちの稽古を始めて、むしろお酒もしっかり飲めるようになった、という人もいないことはないが）。

孔子と比較するのは気が引けてしまうが、おそらく、「からだ」のもっている波長のようなものが音楽によって微妙に調えられ、精妙になり、日頃は摂っている肉類の重厚な質の味が粗く感じて一時的に合わなくなったのでは、と想像されるのである。ここでは聴覚と味覚が連結をしている。

舌と「いのち」「からだ」、そして意識や思考もいつもつながってきた。そういえば、西洋哲学の祖、ソクラテスは大体において飲み食いしながら対話をして、哲学を論じていた。プラトンの筆になる『饗宴』はまさにその典型で、舌は愛智（フィロソフィ）について述べる間に、味わい続けていたことになる。

舌と食物についてこうして述べてきて、あらためて気付くことがある。

人間は自らも原初生命体として、動物の一員として、食物が欠かせないのは確かだ。けれど、他の動物と同様に世界からの贈り物を食物として摂取しながらも（そしてそれを体内で変容させて世界へ出しながらも）、必ずそこにある種の意味を見ようともしてきた。人間の様々なレベルでの想い――「こころ」の働き――があり、それを表す「ことば」が欠かせないのである。多分動物にもそれに似た傾向はどこかにあるかもしれない。けれど、特に「言語動物」である人間にはそれが鮮明だろう。

美しさは味が源になっている

東洋でも、遥か古代、「真善美」という精神的価値とこれまで我々が思ってきたものと食物はしっかりつながっていた。
それは漢字の成り立ちを通して容易に想像できるのではないだろうか。

美（うつくしい）

義（ただしい）

善（よい）

美は、羊（ひつじ）を正面から見たところと胴体を上から見たところを組み合わせた象形文字である（白川静著『字通』以下同）。

美しい立派な姿の羊は、選ばれて祈りや儀式の際、犠牲に供される。立派な羊は当然、味も極上ということになっていただろう。神霊に捧げた後は、人間が食したかどうかは詳らかでないが、少なくとも最も価値のある羊が神霊へ供げられたと想像される。すると美しさは、味のよさと通じていただろうし、義や善という字も、やはり元々は羊などを犠牲にしたところに源を発している。正しさや良いかどうかも、元々どこか「味」とかかわっていた、といえる。

先に、舌をリラックスするために、今まで覚えている、最も美味しい食物の味を舌で想い起こすことを述べた（63頁参照）。

これまで、このちょっとした身体のゲームに参加した人々のほとんどが、日本でもフランスでもドイツでも、舌に快く、沁み入るような食物の味そのものと同時に、その食物の周囲のこと、どのような風景で、どんな暖かい、あるいは涼しく快い部屋で食べたか、物質としての食物だけでなく、食べている自分自身のさらに周囲のことや人、つまり環境のことを、同時に想い起こしている。一片の菓子を口に入れて幼児の世界が甦って進行する有名なプルースト（一八七一－一九二二）の小説『失われた時を求めて』のことを想い起こすが、似たことはほとんど誰にでも容易に起こることである。

舌は、あるいは舌が司る味は、生きること、精神上の意味付けの根源にかかわるのだ。

故郷は美味しい

ここでもう一つ漢字を挙げてみよう。

郷（キョウ、さと）

故郷

郷土

家郷……

郷の字は、二人の士が食卓を間に向かい合って食事をしているところである。この字に食がつくと、饗宴の饗、宴会のことになる。

つまり、原郷や故郷は、安らかに楽しく共に食事ができることが伴っている。郷でとれたものや、郷に運ばれたものを親愛なる者と共に、こころゆるしつつ舌で味わうことができることこそ、嬰児期の、母乳を摂るのにも似た相でもある。けれど退嬰的《たいえいてき》な指向でもない。その時にこそ、人は、からだもこころも適度に気血の巡りがよくなり、呼吸も楽になりやすい。最もリラックスし、舌も安らぎと喜びの想いと共に最も鋭敏に働いてよく味わえる。そして郷土の人々とも山河とも、懐かしさに満たされて、出会える。他郷、異郷にいて荒波にもまれてきた者たちが、己の原点に還り辿りついた相、これが故郷や原郷という「ことば」に含まれている。

逆に、たとえ空間上の故郷にいなくても、リラックスした舌から、郷にいる時と同じような「からだ」や「こころ」を呼び醒ませる。

それが、古剣術やマイケル・ジョーダンの激しい動きの最中、舌をだらりと出して行なう理《ことわり》とつながる。

対立、対決、勝負の場面でありながら、彼らの身は、母の胸や故郷に居るかのごとく、安らかなのである。あるいはそれに限りなく近接した身心状況なのである。

もしかすると、敵対する方も、だらりと舌を出されると、一瞬、己が対決のためのこわばった身心の様相を見失い、知らぬうちに故郷に居るかのごときゆるやかさ、安心の境に誘われるのかもしれない。

ボディ・テスト・ゲーム

舌でそっと薬指に触れると、体がよく伸びる

❶自然体で立って、両手を上に伸ばす。力まないでよいが、できるだけ上に。どの程度伸びるか、よく覚えておく（伸びたところを人に見てもらうとよく分かる。あるいは鏡などで確かめる）。
❷左手の薬指の第二関節下の一点、大体指輪を嵌める個所（図）を、舌先の一点で押すようにそっと触れる。あまり強くなくてよい。三秒程度。
❸はじめにしたように、自然体から両手を伸ばしてみる。
どうだろうか。私がいろいろな所で紹介し試したところでは参加した八割方の人たちが、前よりも上方へ伸展しているのである。ここでは舌だけのことでなく、薬指も大切なポイントになっている。呼吸も深まり、声もよく出るようになる（なお薬指については五章に述べる）。

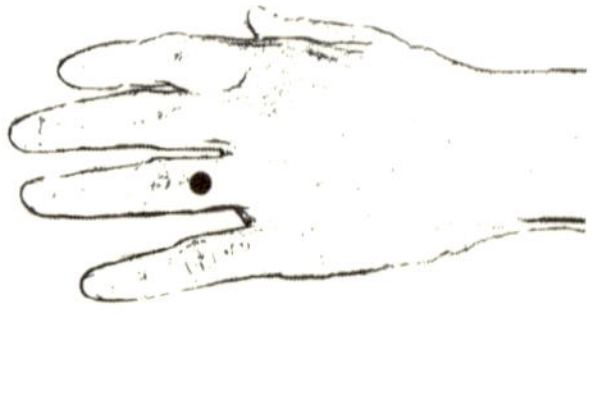

薬指の第二関節下の一点

四章

世界は手のひらの裡に

瞑想の弟子と女友達を手首でチェックする

からだを左右に大きく振りながらピアノの弾き語りをした盲目のソウル・ミュージックの巨人レイ・チャールズ（一九三〇―二〇〇四）は、人気者として、大活躍しながらも、個人的には様々な苦悩にさらされ続けていたらしい。それ故にこそというべきか、なかなかの艶福家でもあった。レイが、女友達を選んだ「こつ」を、彼の友人がTVのレイの特集で打ち明けているのを聞いて、私はびっくりした。

女性と握手などして、手首の柔軟さをチェックして選んだ、というのである。私が驚いたのは、このエピソードで、インドのベンガル地方で「大聖」と呼ばれた瞑想の師、ラーマクリシュナのことを思い出したからである。

彼の弟子にあたるヴィヴェカーナンダこそが、十九世紀末に欧米に渡航して、インド思想やヨガを伝え、多くの人々を驚嘆させた。その後に著名なヨガナンダなどが続いて、欧米でヨガを広布したのである。

今日のヨガの隆盛も、元を辿れば、そのあたりに行きつく。

知識人としても評価されたヴィヴェカーナンダが心の底から尊敬していた、小学校も出ていない、字もろくに読めないラーマクリシュナの逸話は山程残っている。その中に、これはと思った弟子を選ぶのに、彼が、彼等の手首の柔軟性を、そこに触れてチェックしていた、という記録が残されているのである。

一見は、共通しているとは思われない二つの世界の巨匠の手首チェックが面白いではないか。

人体は、いわば微妙、深遠な内容の書物であり、的確に読み解けば、そこに形而上学的な――平たくいえば、宇宙的ヴィジョンや詩的な――世界が、そして同時に時には〈俗〉にも〈官能〉にも通じるような具体的な、実践的な叡智が潜むことが明らかになるのだ。

ただ、書物と異なり、身体は時々刻々と変容する生もので、そこがなかなかに難しいところだが。

手首から先の手のひら（掌、たなごころ）、そして指。

その役割はヒトが直立二足歩行を開始して、手の自由を確保し、ものを掴むなど生存のために使ったことがまず基本だろう。

そうした実利上のことは、生存のための利益、損失に直結するので、意識されやすい。

けれど、必ずしも実利的な営みに直結していなくても、微妙なコミュニケーションに手のひらが大切な役割をしていることも見逃せない。

あいさつ、合図

古代、我が国では旅立つ人に別れを告げる時などに、袖や領布《ひれ》等の布切れを振った。これは、死者に別れを告げる儀式の際にも行なわれた。領布とは女性が肩に巻いた薄く長い布のことである。

布を振り立て、空気を動かし、風を起こすところに、ある種の霊的な力を見、別れる者の安全を念じた。

その風習が、布なしに手のひら（掌）そのものを振るのと通じているのだろう。

手のひらを振る所作をもう少し詳しくとらえる。

東西、二つの対照的な手招きがある。

通常、私たち日本人は、人を呼び招く時、手を前にかざし、手のひらを下にして、指先をくい、と曲げて合図する。それにつれて手首も曲げられる。

よく知られているが、西欧では、この手振りだと、むしろ、来るな、あっちへ行け、という意味にとられる。

西欧では招く際には、手のひらを上にして、くいと指を自分の方に曲げる。招く動作が一見、真逆のようだ。

けれどよく洞察すると、表面的には逆でも本当は「同じ」ことをしているのである。どちらも、指先の動きは上と下の向きの違いはあっても自分の手のひらの中心へと向けられているのである。そこは、ずばり、身の中心、腹、臍下丹田《せいかたんでん》と呼応するところなのである。手のひら――「たなごころ」は自らの存在感覚の中枢と直結している。

ものごとが明々白々と把握されていることを「たなごころ（掌）を指すごとく」といい、大切極まりないものを「掌中の玉」という。他に「私は彼の掌（手のひら）の中で踊らされている」など、こうした表現は、元々は相当に実際の身体的な裏付けがある。

このような身体を源にした言語や句の多くは、長い間に慣習化してゆくにつれて、元々の身体的感覚の生《なま》な現場から遠ざかり離陸して、記号化し、抽象化されてゆく。それこそが言語の宿命だが、時には、実際に身体感覚を通してその淵源に還ってみると、意味が生々しく立ち現れ直してくることがある。そのようにして源を省みることで言語も表現もエネルギーをチャージできることがある。

さて、手のひら側は、人体の前側、表側にあたり、手の甲側は人体の後ろ側、裏、背中側にあたる。それは様々な身体技法、特にいわば東洋的な身体技法でいわれるところである。皮膚も、甲側から腕の外側へとつながって、背中側に入ってゆく。

手のひら側、つまり、手の内側は、大体において皮膚が外側よりも白く柔らかい。腕の内側から脇へ入り、胸側、腹側へと連なる。

たとえば武術やヨガなどの身体技法で動いてみて、ある程度習熟すると、そうした内外の感覚がよく納得できる。

手のひらに限らず、およそ人体のあらゆる個所が、全身裏表の秩序性、または陰陽の法則性をもってかかわり連なっている。

逆にいうと、全身が、あらゆる個所ごとに一定の法則をもって連なっている。つまり、部分は全体を反映する、ということである。

宇宙の一つ一つの細かい事象の中に「全宇宙」が宿り、その一つ一つの事象は互いに編み目のように一定の法則に沿って反映し合って存在している、という、仏教の中の「華厳」の発想にも似ている。

これは、一般に東洋医学の基本的なヴィジョンにも通じる。

手指、手のひら、足の裏、腹部、背中、骨盤、頭部、耳たぶ、眼球……と、それぞれが「宇宙」であり、それぞれ全身を映す鏡なので、その一つを専ら観察し、それに基づいて、そこに治療を施せば、全身のどこの障りだろうと治ってゆく……という発想は、東洋医学に根強いのである。手のひらや手指を専らにする医療法もある。

さて、手のひらが、各部の中でも、特にコミュニケーションを司る場としてとらえられるのは、手が、人体の中でも、最も私たちの意識を反映して動かせる場所の一つだからだろう。それには理由がある。指や手のひらは、人が意識的に「外」と接して働きかける時、全身の末端部位として、最も鋭敏に活動するところだからである。もちろん「外」から端的に働きかけられるところでもある。

哲学者カントも、「手は外部の脳である」と語ったという。この場合の脳とは、当時の人体知識から見ても、もちろん、「意識」を司る、今でいう大脳皮質のことになるだろうが。

「手の内」を明らかにする……剣術と柔術

我が国の剣術では、両手で刀を把《と》るのが通常である。その働きを「手の内」といって、とても大切にする。

刀の柄を、布巾を絞るように握る、という教えもあるらしいが、これはおそらく、ごく初心のためのものだろう。大体布巾や雑巾もあまり用いなくなった今では通じにくい喩えでもある（伝統的な身体技法の、伝承の教えの多くは、喩えを用いているが、その喩えの対象の風物が周囲に見られなくなって、分かりにくくなったものが多い。そこで「科学」的説明が盛んになるが、これにも長所と短所が出てくる……）。

私の場合は、手の内を「うずらの卵を左右の手のひらの裡に一つずつそっと握るように」という教えだった。きつく握れば薄い殻は圧せられて破れ、ゆるくすれば落ちてしまう。

剣術などでは、すべての技は「手の内」にある、と以前青年時代に入門していた師匠にも聞いたことがある。

自分の懐に、自由に用いられる武器や物を持っていることを「手の内」にある、ともいうが、剣術などでは、技が発揮される以前「未発の発」の状態の裡に、術のすべてが既に用意されていることもいう。

柔術や合気道では、手のひらの動きや手首から先の動きが自在になると、身のこなしの自在さ、技の精度、自在度が著しく増加する（その逆も真なりだが）。

それは単に、相手と対抗したり、拮抗して自らが強くなるというより、掌中に相手を容れてしまう感じである。前にも述べたように、手のひらの中心――からだの中枢だから、相手を自分の裡に容れてしまうことになる。もっといえば、相手との敵対、対決――「異化」の最たる状態――を反転させ、自分と「同化」してしまう状態に変換する。

つまり「敵」として現れた相手が「味方」になってしまうことさえ可能である。

だから柔術のことを「和＝やわら」とも書く発想があった。

二十世紀に誕生した植芝翁の合気道も相似したニュアンスが、通じている。

ここまで書くと、柔術や剣術や合気道の体験を積み重ねていないと、何か世迷い言を夢想のように述べていると思われるかもしれない。

これらは、決して観念的で形而上学に終わることでもない。昔から先達が口伝や文章で伝えようとしたことなのだ。

たとえば――

鳴神《なるかみ》のちからも蚊帳《かや》の一重かな

という不遷《ふせん》流という柔術の極意句が伝えられている。どんなに威力のある鳴神（雷のこと）の凄まじい力も、薄い麻の柔らかな布で囲った蚊帳の中に居さえすれば大安心、何の害もなし……と昔の雷除けの風習を挙げつつ、柔術のこつを教える。どんなに相手が強い力で圧してこようと、精妙な柔らかさで応じて捌けばよい、ということである。

これを説いたのは武田物外《もつがい》（一七九五―一八六七）という禅僧で、かつ柔術の達人として鳴らした。ある時、試合で攻撃してきた武士の槍先を両手にした木の椀で挟みつけて止めたり、好きだった碁の碁盤に拳骨をめり込ませてその跡をつけ記名代わりにし、「拳骨和尚」の異名をとったりの怪力のエピソードをもつ人物。その彼が、この句を掲げているのである。

こうした柔軟ぶりは決して物外和尚に限らず、我が国の柔術や剣術に色濃い。一見、ある種の無抵抗主義にさえ近似している。

たとえば、水に浮かぶ一片の木の枝のように身をなして、怒ったり力んだりするな、という柔術の教訓もある。

怪力無双の僧兵弁慶が重厚な刃物を振るって襲撃しようとして、稚児姿だった牛若丸（後の源義経）に軽々とあしらわれて降参したとか、枯れ木のような白髭の仙人じみた老翁に壮者が手玉に取られたとかいうエピソードは夥しい。

物外のことをその著書に紹介した田中忠雄（一九〇五―一九九一）という禅の思想家は、物外が属する曹洞宗の宗祖道元の説いた、禅の目指す眼目「柔軟心《にゅうなんしん》」が物外の術と思想に影響したのでは、と述べている。

武術や柔術は一般に勇壮で力強いマッチョなイメージがあるが、それは古語でいうと「益荒男振り《ますらおぶ》」の方で、それに対して、たとえば本居宣長《もとおりのりなが》（一七三〇―一八〇一）は「〈もののあはれ〉を知る」ことを肝要として「手弱女振り《たおやめぶ》」を説いた。実は日本の柔術、剣術は、この「手弱女振り」も秘めている。これを現代風にいえば流動性とか「フラジャイル＝脆弱さ」の活かし方、となるだろうか。

元々柔術や柔《やわら》の柔の字そのものが、しなやかさ、自在さ、柔軟さを表している。

剣の達人としては誰もが認めるあの宮本武蔵も、その主著『五輪書』に、鍛錬を重ねて身の捌きが自由になることが大切と説く。その自由に、はっきりと「やわらか」とルビを振っている個所がある（『五輪書』岩波文庫）。

手首とその先の手のひらの働きは、そういう柔軟さを司るところなのである。

ここで田宮流居合の伝書の略図を見ていただきたい。二章に述べた「円相」を囲むようにして、両手のひらが印してある。左右の手のひらの中に、あるいはその間に、極意の技も理法も、宇宙も、円満に備わっている、という奥義である（87頁図）。

とても具体的で実践的、実戦的な技術の粋が、このように一見象徴的な図に収まる……それは稽古に稽古を重ね、工夫を積んだ者にこそ、開かれる叡智の扉である。けれど、一般の人にも、何か訴えかけるものもあるとも思われるのである。

前述のように、からだを携えて生きる人の、世界との具体的接点が手と指そして舌なのだ。

放浪の俳人、山頭火と共にその孤高振りが顕著な尾崎放哉《ほうさい》（一八八五―一九二六）。彼は大学を出て、大手保険会社の課長になりながら若くして退職し、句作に没頭した。

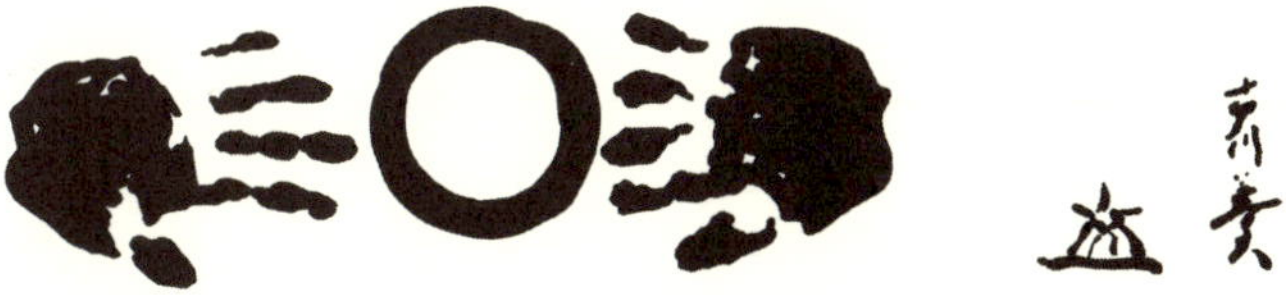

田宮流居合の伝書『日本武道全集第七巻』（人物往来社）より模写

障子あけて置く　海も暮れ来る

こんなよい月を一人で見て寝る

彼は山頭火とは違って放浪せずに、晩年は形式的にはあるお寺の庵の主として喜捨など受けて暮らしていたらしい。

その喜捨について、

いれものがない　両手でうける

誰か人の手を通して、自分に天の恵みがくる。その物が何かはこの句だけでは分からないが、ともかく手のひらで受ける。手のひらこそは最も初源の容れ物なのだ。そこに恵みがきた……多分、貧乏と飢えを感じていた時に、誰かがたくさん、といっても一、二日、腹が温かくなる程の食物を持ってきてくれた時の安堵と喜び。けれどそうした物を受けることが、ほとんど、双手の「万歳」へ近づいている感さえある。まるで次に挙げる舞いの世界に近づくかのように……。

井上靖（一九〇七―一九九一）の伝記的小説『孔子』の中に、次のような場面がある。

それは、孔子が、生国の魯に受け容れられずに諸国を彷徨している時のことだった。大勢の弟子の一団を連れて旅する間、ほとんど食料も尽きた時、弟子のある者が、心中深く憤りを感じ、こんな質問を師、孔子にぶつけた。

「先生、君子（真の教養も豊かな心ももった指導者にふさわしい人間）も窮する（行き詰まってしまう）ことがあってよいのでしょうか」。すると、孔子が答える。「君子とされる者でももちろん窮することはある（君子固《もと》より窮す）」

そしてそれに続く次の答え。

「小人（ものごとを深くとらえず、たしなみのない人間）は、そこですぐに心乱してしまうが（小人、窮すれば斯《ここ》に濫《みだ》る）……」

すると、そこに居た直情的な弟子の子路が、孔子に立ったまま深々と一礼した後、何も持たぬ両手を大きく水平に広げて、意識的なのか無意識的なのか、ゆっくりと律動的に舞いのように動き始める……まるで「これでよし」とする万歳のように……。同時に他の弟子もそれぞれの表情で孔子の返事に反応する……このような場面である。

ここに、孔子の答えによって、人は本来、窮極「天」と共に存在しているのだ！　と、全身全霊で見極めた弟子の姿がある。その身振りは一方では絶望の身振り、お手上げ――降参のようであり、もう一方はすべてを受け容れられる肯定、万歳、歓喜の相。……小説『孔子』の白眉だと、私は思った。

「天」の「恵み」に感じ、両手で受けた放哉と、どこかで通じているのではないだろうか。

詩人リルケの直感と空手道

ところで、ここに出てきた「天」とは何だろうか。たとえば孔子が、期待していた最愛の弟子顔回に若くして先立たれ、思わず「『天』我を見捨てしか」と嘆いた「天」。五十にして天命を知るの「天」……。「天」は、私たちが俗に神様というニュアンスに近いところもある。キリスト教の「神」とはもちろん相当に異なるが。

物理的な空や宇宙だけでなく、それらも含んで、それらを運行するかのような存在、あるいは、人間もその中に含む無限の宇宙という舞台のことであろう。いずれにしても現代人が、最先端の科学知識を駆使して「天」を問い詰めようとしても難しいか、お門違いになってしまう。「天」は芭蕉（一六四四—一六九四）が「造化」といったところにも近い。「造化」は『広辞苑』によれば万物を創造し、成育した神。天地、自然などとある。我が国でも儒教、仏教、神道の区別なく、それらも融合して用いてきていると思われる。また、明治以降、西欧の文学などを訳す際に違和感もなく「天」を用いることも多い。

ライナー・マリア・リルケ（一八七五—一九二六）に「手のひら」という短い詩がある。

手のひら

それは

感じることしかできない足の裏が

上へ向いて鏡となり
天に架かるめぐみの路を映しとり
水を掬いにゆくことを知る
すべてのものを変容させる源泉よ！

（後略）

詩などに慣れない人には、とっつきにくい内容かもしれない。

ここでは、簡略に私なりに説明してみたい。なお、訳は、知人のドイツ語の元大学教師のO氏に頼んで訳してもらったのを元にしている。

リルケは、この詩で、手のひらは元々足の裏だった、と前提にしている。これはおそらく当時盛んになりつつあった進化論的な見方にも沿っているのだろうか。足の裏は大地に着いて伏しているから、そのままではほとんど無意識であって、「天」の恵みなども自覚できない。けれど上向きになって、天を映し込むこともできるようになった手のひらは、世界の動きや恵みや計らいや理法をとらえられる。つまり世界を意識化できる。そこで次に、手のひらは「水を掬いにゆく」というのだが、これは、手のひらによって世界を意識化し「計る」ようになった人間が、その結果すべてのものを変容させる創造的な営みに目覚め出したことを指している。

回教徒の祈りの姿勢

つまりそれは、術であり技という意味の「手」でもある。すべてのものを変容させる源泉とは、人間が自然の様々な物に働きかけ工夫してそこから何かへ造りかえてゆくこと、そのようなことをする意図や祈りのようなことを示すだろう。敢えて少し飛躍しすぎるのを承知でいえば、「掌中に宇宙はある」という禅にもある一言と通じる発想が、ヨーロッパの詩人に宿ったことになる。

武術の達人、尾崎放哉、孔子、そしてリルケと「手のひらと天」などのテーマが続いたが、ボディ・テスト・ゲームでそのことを味わってみよう（93、94頁。飛ばして先を読まれても結構である）。

これは、沖縄に伝わる空手の「サンチン」

ボディ・テスト・ゲーム

「天」を手のひらに映す

❶椅子に腰掛けて、両足は肩幅くらいに開いて床に置き、次のようなポーズをとる（背もたれがある椅子でも、できればもたれ掛からずに坐る方がよい）（写真）。
❷左右の手のひらを開いて、肩よりほんの少し低いくらいの高さで、前に伸ばす。床と手のひらは平行になっている。両手のひらは肩幅くらいの距離に保つ。
❸指は、緊張しないように伸ばす。
❹手のひらは「天」あるいは空を二つの手鏡のように映しているイメージ。視線は、前に注ぐ（前方十メートルくらいから、もっと遠くてもよい）。
❺手のひらに麗しい玉をそっと載せているような感じでもよい。
❻肘はゆるめて、肘の重さが感じられるくらいにしておく。そうすると、肩は自ずとリラックスし、沈むことになる。
❼手首は、両手のひらを床と水平にするためにとったままの角度を保つ。
このゲームで行なうポーズを私たちは「あまうつし」と名付けて行なっている。

・手のひらは柔らかく開き、全身が静かに安定し、それでいて力に満ちた状態になる。
・骨盤の周囲の筋肉が意識化されやすく、腰を中心に構えが自ずとできてくるのが感じられる。
・リルケのいうように、手のひらという鏡を通して「天」―― あま ――無限の宇宙の恵み――を我が裡に自ずと移し容れたかのような状態になる。

ボディ・テスト・ゲーム

「あまうつし」で落ち着く身

❶何もしないで椅子に坐っている場合、あるいは両手のひらを固く握りしめている場合——誰かに前から胸のあたりを押されると、通常はたやすく後ろへ崩れてしまいがちである（写真）。
❷「あまうつし」の状態に入ると、別段抵抗しようとしていないのに、びくともしなくなるか、なかなか崩れにくくなる。むしろ、抵抗しようと意識しない方が、しっかり位置を保てるくらいである（写真）。
立っても、正坐しても、あぐら坐りにしても同様の結果を得るだろう。「天」を手のひらに映し裡に移し込むような型は何気ないようでも奥深い働きをする。こうして「天」は、活き活きと人体に映され移されて身心を活かす。それが文字通り私たちの掌中にあるのである。

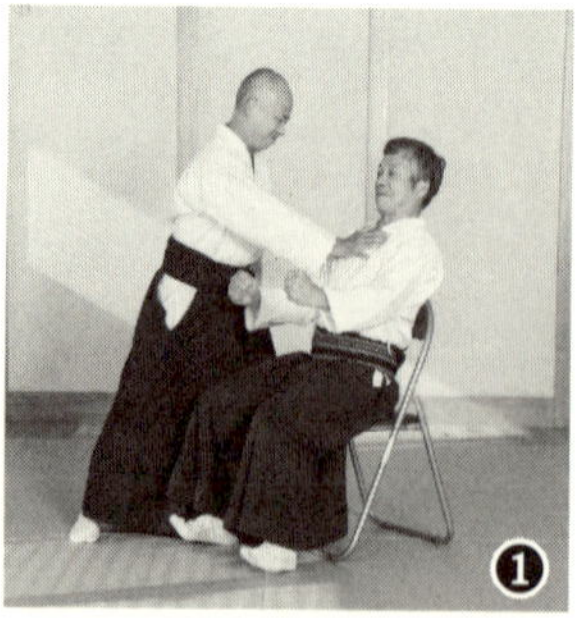
❶

❷

という基本の型に用いられているポーズに形としては極めて近い。私は当初は、それもヒントにした。もちろん空手の場合は立って行なう。けれど「あまうつし」は、戦闘用に目的を絞っているわけではないので、少し異なる。空手の場合は、肘をしっかりと強く内側に絞り込んで構えるらしいが、「あまうつし」ではそこまで絞らない。通常は肘の重さを感じるくらいにする。自ずと肩も手首もゆるむからである。

空手の他にも、様々な民族や宗教の祈りのポーズなどで、この「あまうつし」に似たポーズが見られる（92頁図）。

人はまず、赤児の時代、生きるために全身全霊で、だからこそ無心で母親の乳房を摑む。

幼児期には「結んで、開いて、手を打って……、その手を上に！……」と歌って、手のひらを宙に喜々として遊ばせる。また、「お手々つないで……」もある。

成人になると、様々な道具をとって、技や術を揮い、そして必ずしも単純な生存のためだけでもなく、名声や富や権力を摑もうともする手のひら。

その手のひらは、時には人の力の及ばないと思われる超越的な何ものかへ、極まったように左右を合わせられて合掌ともなる（95頁図）。

合わさった手のひらは、再び開かれて地に伏せられ、礼にもなるが、再び上方へ上げると何も摑まないで開けっ放しの「放ち」の状態にもなる。先にも述べたが、この「お手上げ」の状態こそ、無限の世界と可能性を示す「天《あま》」へと人が開かれた状態でもある。

その「放ち」の時にこそ、逆説的にも「天」は掌中に満ちてくるのだ。

そのような実感へと、「あまうつし」は誘うことができるのである。

合気道の植芝翁の万歳か祈りのような「呼吸投げ」
/ 撮影 小野田 宇花

四章　世界は手のひらの裡に

五章

婚約指輪はなぜ薬指にするか

四十年後に解いた柔術の薬指の極意

私の高校時代、石原君という級友がいて、彼の母親方の亡くなった祖父は、天神真楊流《てんしんしんようりゅう》の柔術の達人として謳われていた、と聞かされていた。実は、この達人は湯島天神に道場を構えていた人で、著名な演出家竹内敏晴氏の父方の祖父にもあたる。つまり石原君は竹内氏と従兄弟である。竹内氏も、この達人について面白いエピソードなどをその著書に書いていた。さて、石原君はある時、「お祖父さんは、武道では皆が小指の大切さを強調するけど、実は、薬指こそが最も大事なんだ、と言っていた」と言う。

何の折だったのか、おそらく学校を出てからしばらくたった時だったろう。私も高校時代に弓道をし、彼も弓道をまだ続けていたので、そんな話題の時にだったろうか。弓道でも、前章で触れた「手の内」は大切で、微妙な指の働き等が説かれる。

私は後に、合気道や剣術や他に実験的な動作の工夫をしたので、「手の内」や指の用い方にはとても関心があった。けれど、小指についてはともかく、薬指の働きについては、あまり聞いたこともなかったし、第一、納得できるかできないかを問題にするレベルに身体の感性が達していなかったのである。

しかし、石原君の何気ない言葉を通して私の耳に届いた達人の説が、何十年もして、そのうちいわば呼吸を始めたのである。すぐに充分理解したわけではなかったが、ある頃から、私は、工夫していたリラックスと集中のための自由運動ともいうべきエクササイズに、左右の薬指を意識してリラックスして動かしてみることを行ない、人にも勧めてみた。すると、あきらかに効果が出て、より容易に全身のリラックス状態が進むのである。リラックス状態が進めば、体の様々な部分がより集中して動かせ、様々な術や技のために活かせるようになるのである（今ではそのエクササイズを〈3R〉と称して稽古のたびに行なっている）。けれど、石原君経由の「祖父の薬指の忠告」は、当初はそのくらいの程度で終わっていたのだった（ちなみに石原君は後に農政学者として活躍する）。

ところが、実は、この薬指が、微妙だが驚く程大切な働きをすることが、私が実験的なエクササイズを始めて二十数年経って、あきらかになってきたのだった。

それは、気付いてみると、民族を超えジャンルを超え「からだ」に共通するものだったし、精神的な、とか、こころの、とされる働きに大きくかかわっているのだった。

当初は箸使いから始まった。

空手の宇城憲治という先生が、次のようなことを紹介していた。
A、B二人、互いに同じ方を向いて並んで机の前に正坐している。互いの距離は二十センチ内外。正面から見て左側のAは左手を伏せて机上に自らの左側に置く。Bはそれを右手で上から机に押さえる。Bがしっかり押さえると、Aの左手はなかなか上がらないだろう。
次にAは、右手に箸を持つ。通常、食事をする時のように、何か箸で挟む（消しゴムでもティッシュでも、豆一粒でもよい）。そのままAが、Bが右手で押さえようとしている自分の左手を上げると、前よりも遥かにたやすく上がる……。

たしかそんな実験だった。これは実に見事なアイデアであり解明だと思った。宇城師は、日本人が箸を正しい姿勢できちんと用いる際は、統一力がしっかり働くことなどを説いていた、と思う。

私は、その箸使いの際の指に注目してみた。すると、正しい箸使いならば、箸が、右薬指の第一関節の内側の脇に触れていることがあらためて判明する。そこに大切な鍵があるのではと思いあたったのである。

そこで、Aは箸を持たずに、親指を薬指の第一関節の内側にそっと付ける、つまり親指と薬指で輪を作るかのようにして同じことをしてみると、箸なしでも同じことが起こることが

前に伸ばした左手の強度が変わる

❶Aは左手を手のひらを上にして前方に伸ばして差し出す（写真）。
❷「Bはその Aの左手のひらを上から押し下げてみる。Aは、それに抗して同じ高さを保とうとする。Aの手が下りようと下りまいと、A、Bはその時の力感や抵抗感を覚えておく（写真）。
❸ Aは右手の親指を右手薬指の第一関節の内側あたりにそっと付けるようにして輪を作り、❶と同じく左手を前へ差し出す。
❹❷と同じテストをする（写真）。
こうすると、AとBは互いに、❷よりも❸が明らかに抵抗の強度が増していることが分かることが多い。薬指のかかわる印（ムドラー）の働きといえる。

❶

❷

❸

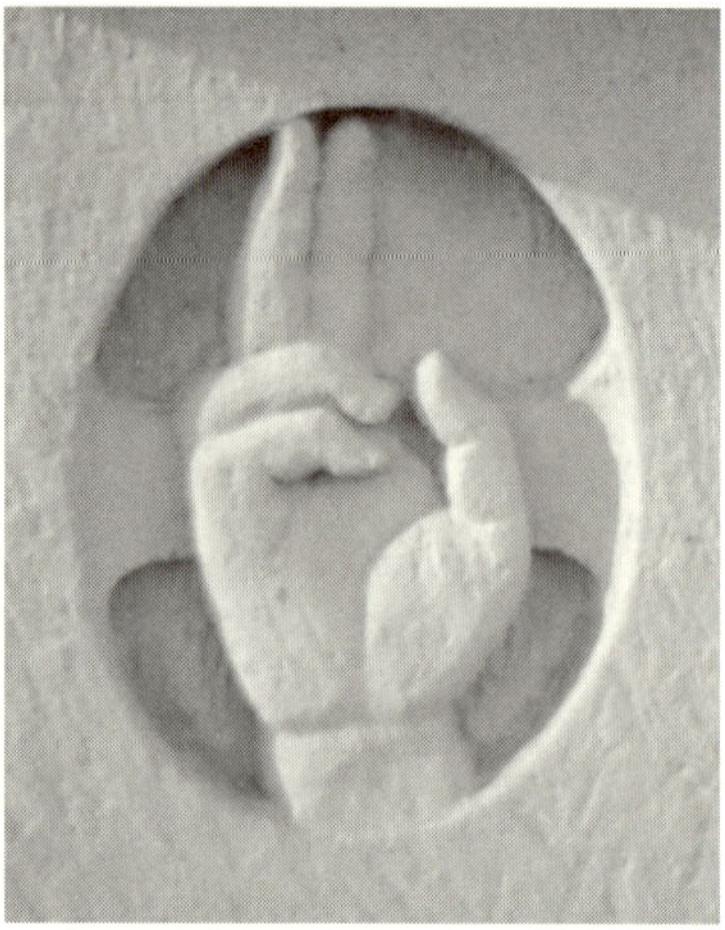

フランス北東部ランスのシャペル・フジタで著者撮影

分かる。しかし、これは箸を持たなくても擬似的に箸を持つことにもなるので、もっと状況を変えて試してみる必要があるが（103頁）。

なぜ口紅を薬指で差すのだろう

薬指の、こうした全身にかかわる「力」の集中の実験は他にも色々ある。

薬指は、西欧では婚約指輪を嵌めるリング・フィンガー（ring-finger）と呼ばれる。それは、決して、単に偶発的なことがやがて習慣になったようなものでなく、相当に人体構造上の理由のあることではないか、と私は思い始めたのだった。

つまり、薬指に指輪を嵌めた人は、身心の

南仏のソラン修道院で購入した
ギリシャ正教のイコン

統一力が、少し深まる可能性がある、つまり、落ち着きやすくなったり、しっかりするということを身体感覚で古人たちは気付いたこともあったのではないだろうか。

キリスト教の、特にカトリックのシンボルでは、写真のような印（ムドラー）が多用される（キリスト教ではムドラーなどとは呼ばないだろうが）（104頁写真）。

私はギリシャ正教の僧院で行なわれた本格的なミサに出席したことがある。といっても門外漢として入室が許可されただけだが。ミサの後、参列者は沈黙の行の中で、しかも禅の習慣のようにできるだけ早く食事を摂る。そして皆が食堂を出る際、主宰の神父の長と思われる見事な髭の老人が、出口に立って出

インド女性のビンディ

てゆく出席者全員に頭を下げて見送っていた。その時に、彼が薬指を親指で押さえたような輪の印（インド流にいえばムドラー）を前に掲げて皆に向けていたのが、とても強烈な印象を私に与えた。それは、一つには、この印の形そのものがもっているかと思わせる、その場のエネルギーを変えるかのような強烈な雰囲気を感じたせいである。

この修道院の売店で私が購入したギリシャ正教のイコンの中の聖者像は、それとはまた異なった印をしているが、やはり「薬指」が鍵になっているのである（105頁写真）。

クスリ指という名はやはり薬と関係があるらしい。薬師（クスシ）が薬を混ぜる際とか、薬を水で溶く際に用いるとか、仏教の薬師如

面（オモテ）をかけ扇を手に舞う
観世流シテ方小早川修氏
（著者のワークショップに特別出演）

来像の印（ムドラー）からくるという説もある。

歌舞伎役者が化粧する時、最も目立つ口紅を仕上げに差す際はこの指なので、紅差指ともいう。唇には他の指は用いない。

インドのヒンズー教徒が眉間につける聖なる印（ビンディ）などの化粧の際は、必ず右手の薬指で行なう、という。神聖な儀式としてである（写真106頁）。

私の知人の空手の小林勝先生は、拳を握る際は、薬指が微妙な役割をすることが昔から伝えられていると語ってくれたことがある。肥田式という強健術の行でも、拳を握って統一するが、その際薬指で親指の第一関節を握り込む。そのようにして様々な型による行をする。

また、これも知人のシテ方の能役者は、能の舞いで、扇を用いる際、扇の要を薬指で押さえる、と語ってくれた（写真107項）。

私たちのグループで身体技法を指導する、舞踊家でもある佐藤響子さんが、我が国の民俗舞踊の山伏神楽の一派を伝えている人々に、薬指のことを聞くと、「それは企業秘密」と外されつつ（?）答えられたらしい。

このように、気付くと、様々なところで薬指は大切なその役割をしている。けれど、それ程目立たない。むしろ密やかである。あたかも、目立たないのが、その役割の一つであるかのようなのである。

ピアノやヴァイオリンの弾き手なら、一般に五指の中で薬指が一番コントロールが難しいことを知っている。実は、この指は、その傍の中指に腱が接続しているのでコントロールしにくいともされているようである。

さて、空を飛ぶ恐竜（翼竜）や、鶏の羽の骨格も、実は、元々は薬指にあたる第四指が進化変形したものだとされている。

そのあたりの研究や理論のことは、私には詳しくは分からない。けれど何となく体感的には、薬指は、体全体を結びつける働きを支えているようなところがあるとは感じる。

親指と人差指で輪を作って、腰の痛みが薄らいだ私自身の体験もある。薬指も、あきらかに腰部と結びついている。けれど人差指よりもずっと、腰部の中枢、奥につながる感じである。これらは体感なので、今、ここで証明できる、とはいえないが、何かそういう感じがするのである。

「虚」だからこそ働きがある

喩えていえば、薬指は「床の間」のようなものではないか。

つまり表立っては部屋の構造の中心ではない。けれど床の間は、実用、実利から一歩引いた「虚」の存在の要、部屋の「中心」的役割をするともいえる。

五本の指は、親指が、文字通りすべてを支える力の土台になり、人差指は、英語でもインデックス・フィンガーというように、指示の指であり、中指は明らかに構造上の中心、そして、小指は、小さくて、いわゆるピリオドのようにすべてを締めてまとめをする。

しかし、薬指は、そのように表立っての実用の場には露出しないで、むしろ、目立たないで陰の場で全体にかかわるのである。薬指は元々「無名指」とか「名無し指」ともいったらしい。つまり、何の役に立つか主張しないので名もつけようがなかったのだろうか。陰の立場であり、「虚」の立場である。けれど虚だからこそ実の世界を支え、支配することさえする。

虚の一点として実の世界を支え動かしている働き……。

法隆寺や薬師寺などの修理もした宮大工の故西岡棟梁の後継者の小川という棟梁がいる。TVの映像で、この人や弟子たちが、鉋《かんな》で木を削るシーンがあった。

何人かのベテランの域の人々は、腰構えも粋に実に滑らかに木の面に鉋を滑らせて、その鉋屑はとても薄い。数値は忘れたが、おそらく一ミリの数十分の一以下の薄さだろう。

そして小川棟梁が削るシーンの時、私はふと気付いた。他の人たちとその動作の異なるところが少なくとも一ヶ所あったのである。それは薬指。微妙に、鉋の板に触れるか触れないか、ともかく、他のベテランたちとは少し異なって、あたかも「ひりっ」とするように「活きている」薬指が伴っている、と見えたのだった。

全身を研ぎ澄ますような動きの時は、薬指が「虚」の司令塔からの密やかな伝令のように働いていている、その見事な例と見えたのだった。

ボディ・テスト・ゲーム

体を柔軟にする薬指の印

❶自然体で立つ。

❷体を前に曲げてみる。無理はしないができるだけ（一回だけ行なう）。

❸後ろへ反ってみる。無理はしないでできるだけ（一回だけ行なう）。❷と❸の状態や曲がり具合、反り具合を憶えておく。

❹左右の薬指の第一関節に親指を当てる。そっと、鳥の羽根が一枚触れるか触れないかを感じるかのように（写真）。

❺その指のまま、❷と❸と同じことをしてみる。

おそらく、ほとんどの人が、❷❸より❺の二回目の方が、何の準備もしていないのに曲がり、反りやすくなっているのに気付くだろう。

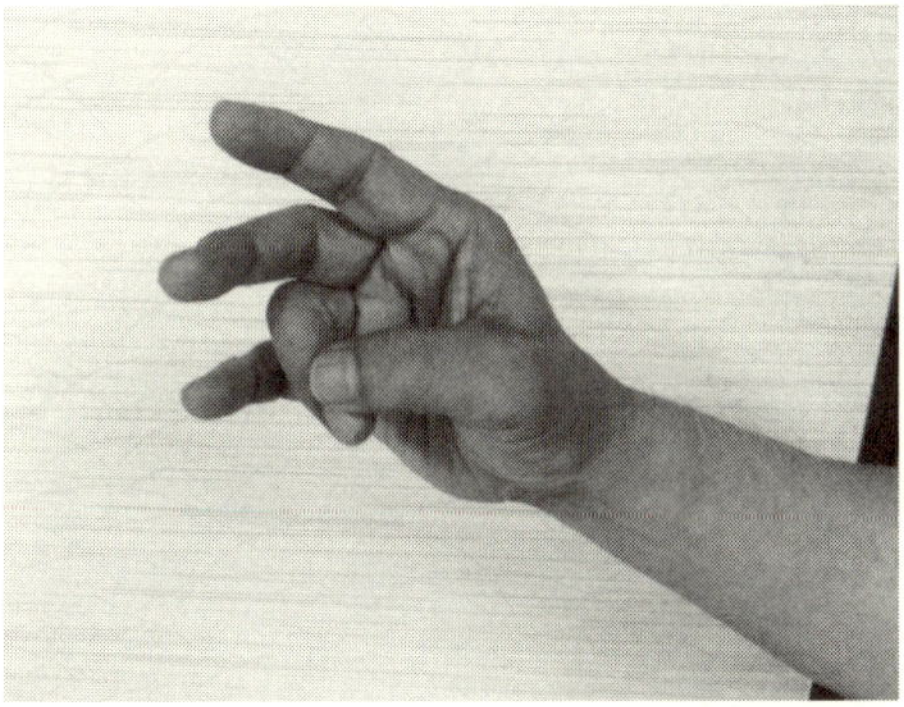

広隆寺弥勒菩薩像の薬指

ボディ・テスト・ゲーム

薬指で声をよく出す

❶自然体で立つ。
❷前を向いて大きな声を出してみるテスト。「あー」でも「おー」でもよい。前方遠くへ声を届かせるように。どのくらい声が出るか。
❸左右の親指と薬指の第一関節で輪を作る。例によって、そっとフェザータッチで。
❹そして、❷と同じように大きな声を出してみる。
後の方が、声の訓練や発声の準備をしたわけでもないのに、大きくしっかりした声が出ている筈である。

この声の実験では、プロの歌手も驚く程の効果が見られることがある。

他に、左右の薬指と親指で輪を作ると呼吸も深くなるなど、すぐに違いが感じられるだろう。

六章

「直立二足歩行」に人間のドラマが始まる

「直立」することは不思議なことである

「直立二足歩行」は、およそ、あらゆる人間の行為、振舞い、身体技術そして精神活動などの起点となる姿勢である。それは、人間がことばを用い、こころの機能を発展させる基点ともなった……。

足うらの　広さに人の立つ不思議
　薬師寺の上　雲流れゆく
　　　　　　　　―福田光子―

ごく当たり前のように受け取られている人間が立つことの不思議さを、この歌は実に端的に、しかも、一見さり気なさそうに表している。作者の福田光子氏のことは、私はほとんど何も知らないのだが（氏は『日本女性史再考』（藤原書店）―鶴見和子等と共著者の一人）。もちろん、この歌は、歌人佐佐木信綱氏（一八七二―一九六三）の、高校の教科書にもよく出る

くらい有名な

ゆく秋の　大和の国の薬師寺の
　　塔の上なる　一ひらの雲

を本歌としているだろう。

秋が深まって去ろうとしている、太古から続く大和の国。その里の薬師寺の塔に沿わせて視線を上げてゆくと、遥か上空に一片の雲が望まれる。

上げてゆく視線の動きと共に、心が空へと高く広がってゆく、見事な構図である。

福田氏は、歌のこの壮大さを見た上で、そんな壮大なとらえ方をしている、その人間自体は、何と小さな足の裏のごく狭い場所に身を載せていることだ、と歌っている。本歌の「拡大路線」を反転させ、求心的に一点に収斂してしまった。

ちなみに、人の足裏の面積は体表の百分の一という測定結果がある。

すると、私たちが歩行する時、片足の二百分の一の面積に載せてしまうことになるが、実際には、足裏全体ではなく、素早く足裏各部分に重心を揺るがせつつ移動してゆくのだから、おそらく、一瞬をとれば、何百分の一のところに全体重がかかることがあるはずである。ある科学的な測定でも、階段を駆け下りる時などは片側の足裏にほとんど一トン近い重さがかかる、とされていた。

このような一瞬にかかってくるとてつもない重さを、どうとらえ、どう感じとってゆくかが、昔から身体を通して高度で精妙な技を発揮する必要があった人々に課題となってきた。たとえば毎日山道を一日に四十キロから八十キロも歩く仏教の行者や山伏、忍者、武芸者、飛脚、あるいは舞踊家、軽業師は、そのために一般の人とはかけ離れた修練を積む。けれど、ただ辛抱して頑張ってもだめで、そこには叡智と工夫が合わさっていなければ不可能である。あきらかに、身体の「重力」とのかかわり方が問われたのだった。

そのような、人の技や立居振舞いと重力（引力、重さ）との関係を、具体的には、どうとらえてきたのか。私は、そうしたテーマで瞑想、武道（合気道、古剣術、柔術）、舞踊、スポーツ、健康術、そして様々な文学作品や哲学、芸術作品の内容や、それを創造してゆく際のプロセスの研究をしてきた。その中のあるものは実践もしてきて、自分なりの答えをもつようになった。

重力は、ニュートンやその後に続く物理学者たちの解明の試みにもかかわらず、その「正体」は充分とらえられているとはいえない。今でも依然として、現代物理学の最大、最先端のテーマであり続けている。

直立二足歩行によって、生物としてのヒトにどのような変化がもたらされたのかあらためて見てみよう。

大地から解放された手と手指の自由。親指と他の指との対向性の確保。右の二つによって、道具を扱い、火を用いるようになった。肩甲骨と鎖骨の独自の発達。大脳の発達。視野の拡大。脊髄が直立し、重心が変化、背骨に独自のS字状カーブができた。下肢は上半身のすべてを支えるので、足の形も変化した。

内臓の位置方向が九十度回転し、それを支えている骨盤が開いて大きくなった（そこから人のお産が変化して、児は哺乳類としては未熟児として生まれるので他人の助けも必要となり、「人間らしい」共同体が形成されることになる）。大腿部や臀部の筋肉が発達して、尾骨は退化した。

その他、頭蓋骨の変化と頭部の九十度の可動性、歯牙の縮小、顔面と表情の変化……。

これらの特色は、もちろん相互に関連し合って、全体として人間をなしている……。

ダイヴィングに熱中していた友人に聞いたことだが、水中で酸素ボンベの酸素を節約するには、何よりも頭で色々考えないことだ、という。東洋医学でいう健康の秘訣「頭寒足熱」と通じるかもしれない。健康によい活動のためには、頭を熱くしすぎるな、足を冷やしすぎるな、ということである。

人間の直立二足歩行によってもたらされた変化についての最近の説では、そのような「頭寒足熱」のための装置が、人間に発達したという。

脳は他の部分に比べると熱くなりやすいので危険である。そこで「脊椎静脈叢」は、人類にとって急に大きくなった脳を冷やすために発達したのではないか、という。循環器系の目的の一つは、大きくなった脳が過熱しないためのラジエーター、つまり、頭寒足熱の装置であるというのである。また、犬などと異なって、人間の足裏にのみ汗腺が発達していることも同じ原理である。

イヌイット（エスキモー）の研究をしている、人類学者の岡千曲氏に聞いた逸話である。人類学で著名なある学者が、イヌイットの部族のある地に滞在して調査していた。その部族は、動物などの像を木彫にする習慣がある。

ところが、先住民たちは、自ら彫った木彫をその辺の床などに、ごろりと水平に倒して置いておくのである。それを見たくて彼らの住居を訪ねてくるその学者は、観察するにはどうしても自分の顔を右か左へ傾けないとならない。先住民たちは、絶えてそんな構えでは見ない。子供たちは、その学者の身構えを面白がって、仲間で彼のことを話す時には笑いながらまねて首を傾けていた、というのである。彼らは何と壁などに人物像の額をかける際も、垂直にすることにこだわらない。

これは、一般に私たち現代人の感性や思考が、主として縦の線を基軸にしていることを示している。垂直動向の基準で、物事が秩序付けられている。価値基準も垂直線を基にしている。上下、高低が問われているのである。高品質、低劣、成績を上げる、上等、下等。天国や極楽は上で高く、地獄は低く、下である。本来は空間上のイメージや概念が価値を決定付けるのである。

人間は直立した時から、垂直コンプレックスにとりつかれる可能性を孕んでいた。

神々も「立って」現れる

様々な民族の神話は、人間の世界観や思考の幕開けのようなものであろう。もちろん、様々の権力や権威を操作するために編纂されたことがあったとしても、やはり人間のもののとらえ方のある種の原点のようなもので、そこには世界や人間の初源についてのヴィジョンがもられている。

たとえば、『古事記』の冒頭に人の直立に深くかかわる「立つ」ことの劇が明白に見える。「天地のはじめの時、高天の原に成りませる神の名は天の御中主の神、高御産巣日の神、神産巣日の神、この三柱の神はみな独り神に成りまして、身を隠したまひき……」と、神を垂直な存在として数え上げているのである。

この神々は早くも「柱」として「立つ」動向をもつものとしてとらえられている。次に続々と数え呼ばれる神々も「葦芽萠える物に因りて成りませる神の名は宇摩志阿斯訶備比古遅の神、天の常立の神……国の常立の神……角杙の神……」と、その名前からして、垂直で「立つ」神である。

立ち上げる、とか、身を立てる、確立、独立、立国、国立、立場、人の顔を立てる、お茶を點《た》てる……など。虹も立ち、市も立つ。

人が直立してヒトとなったその原点から始まって、立たせること、建てることが人間のあるいは人間と世界とのかかわりの大テーマになった。

そこで、静かさの風韻を含むとはいえ、どこまでも拡大してゆくような壮快至極な、佐佐木信綱のビジョンを人は喜ぶ。

けれど、女流歌人は、その高さと広さを立つ際の人の最下部の足裏の領域に引き戻して、きゅーっと一点に絞ってみせたのである。

赤児の指差しと剣の正眼の構え

人間が直立二足歩行の姿勢をとるようになり、人間としての特徴ある営みを始めた、その過程は、人間の個人としての身心の発達、成育史の過程にも反映している、とされる。

嬰児が横たわった状態から首をもたげ、這い這いをし、やがてようやく立ち上がる、そして歩くことをする、その過程である。

この進化の過程の個人の成育への反映は必ずしもすべてが学問的に公認されていることではないらしいが、なかなか想像力が刺激される捨て難い見方ではある。

なかでも、私がここで取り上げたいのは、赤児が生後一年内外で見せるとされる「指差し」である。

これは、私が、直接出会う機会があった三木成夫の説によっている。三木氏は、赤児は生後六ヶ月くらいで色々なものを舌で舐め、手指などで触ることをしているが、一年くらいでそこに特色あることが加わる、とする（三木成夫著『内臓のはたらきと子どものこころ』築地書館刊）。

それまで舐めたり触れたりしていたものを、主として人差指で指し示すようになる。そして、そこに意識を集中して、時にはそれに触れようとする……。

幼児が「アー」と声を出しながらものを指差す。この動作こそ人間を動物から区別する最初の相だ、という、ドイツの哲学者クラーゲス（一八七二―一九五六）の説を三木氏は紹介している（123頁写真）。

指差しの意味は、私が一般の育児書などを何冊か瞥見した限りでは、それ程は取り上げら

指差す先は空……

れていない。

けれど、これは人間の営みの根源的な傾向を示すのではないか。

人の通常の目的意識を伴う動作や動きには、そこに何らかの、ある種の集中、あるいは焦点合わせのための身の構えが伴っている。

たとえば、私がテーブルの上のボールペンを手に持とうとする。そこには、目の焦点を合わせ（focusing：フォーカシング）、そして、手や、それにかかわる筋肉や骨格までがかかわってくる。その動作が、特別に注意深さを要する際には——たとえば小さくて毀れやすいものを指で挟もうとする——なおさら鋭くフォーカシングする。それに要する動作はごく小さかったりしても、全身がかかわるようにフォーカシングするものである。

そのフォーカシングの嚆矢こそが、赤児の人差指の指示ではないだろうか。世界やものごとは、それによって、鮮明に自分の前に立ち現れてくる。赤児自体が立ち上がる時期と呼応しているかのようだ。

こうして、人は、自分の正面に、自分が密にかかわり得るものを設定し、設置し、立ち現れさせる。

いわゆる手仕事をはじめ、すべての身体技法、術は、その仕事の対象を、基本的には自らの正面（前）に置く構えが伴う。そのようにして自らの存在の中心と、その対象のものを距離をとりながらも結びつけようとする。

仮に、何かの都合で、対象を自らの背後に据えたり、位置させなければならないとしても、その対象に意識が向けば、本質的な意味でそこが自らの正面（前面）になるのである。意識、意図、意思をもった作業は、基本的に己の前面、正面に、あの赤児の指差しのように、焦点を合わせ、真向う。

それは、人間の直立二足歩行による、新しい空間様式の獲得にまで辿れる体勢ではなかろうか。私は、剣術で基本になる「正眼の構え」も、赤児の指差しの延長にある構えのその典型の一つであると思われてしかたない。前にあるものを自己と結ぶようにしてとらえる、フォーカシング。そのことではまったく共通している。

私は林の中などで一人で剣を正眼に構えてしばらくすると、そう感じることがある。それは戦いとしての武道、武術の枠を超えて、あたかも瞑想のようでもある（126頁写真）。人間が世界のただ中に在りながら、同時に世界と相対する。そして相対した対象と関係を結ぶべく計る。

このような直立二足歩行の姿勢に潜む構造をもっと探ってみる。

オーストラリア、
カタジュタ（風の谷）に立つ著者

七章

「懐《ふところ》」という「原郷」……宇宙へ

這うものの「下」が人間の「前」になった

人類の「立ち上がり」にまつわることで、意外に見逃されていることがある。

それは、人間が「這《は》うものたち」とは全く異なる空間との関係をもつようになったことである。

ここで「這うものたち」とは、一般に進化論上は人類の前段階に在るとされる哺乳類、主として四足歩行で移動する温血動物たちである。

次の図を見ていただきたい（129頁図）。

この図で最も注目すべきなのは、「這うものたち」の「下」が、人間にとっては「前」になったことである。

這うものにとって、下方の場所は、大地と自らの胸や腹との間である。

そこは自らの体熱で温めたり、燃える陽光を遮って涼しい影を作ったりする場所である。

手と足を伸ばして、そこに触れたり、コントロールする。「内」であり「家」である。ホーム・スペースである。

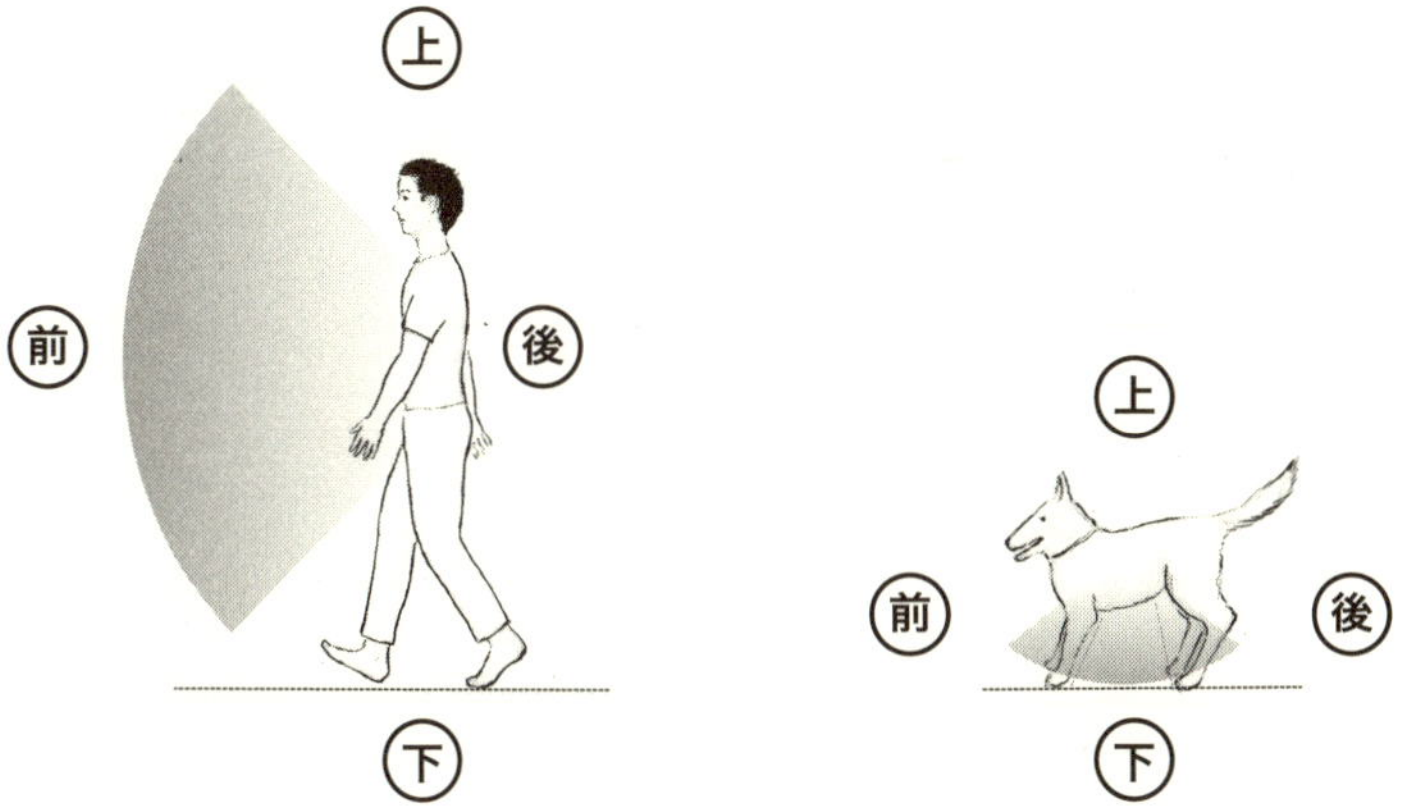

犬の懐は大地との間 ──下、人の懐は果てしなく広がる ── 前

そこは「懐」、あるいは懐につながる場所。腹である。

からだの外側でも最も柔らかく、内に大切な内臓を宿した面積も大きな腹部があり、子種を宿して育てる子宮も、生まれた児を養う柔らかな乳房もある。

一般に温血動物の腹部は、他の個所のようにそこを充分に外敵から防禦できる部厚い筋肉も骨もない。

狼は、仲間同士で擬似的な、しかし真剣な互いの闘いをするが、一方が負けを感じると、頸動脈のあるところを相手に晒け出して、恭順のポーズをとる。すると、相手はそれ以上、降参した敵を攻撃しない。このことは動物学者ローレンツ（一九〇三―一九八九）の研究発表で衝撃を与えたものだった。

この場合は頸動脈だが、人間の場合の「腹」にもどこか通じている。「腹を見せる」「腹を晒す」とか、「腹蔵なく語る」などといって、敵意のない、オープンな態度を表したりする。様々な格闘技や武術でも、腹部、特にみぞおちなどの何ヵ所かは急所で、死命を制するツボである。咽喉や眼球など他の急所はごく小さい個所ですばやく防禦もしやすい。そこで、みぞおちに限らず広い腹部を相手に簡単に攻撃されてしまわないように身構えることが多い。逆に、そこを相手に堂々と晒してしまって、ある種の「捨身」になって闘う、という日本武術の逆説的な発想もあるくらいである。己が身を晒し、相手の懐に飛び込んで、状況を一転する術もある。

這う動物のあるものは、そのように、胸や腹や大地で囲う「懐」にこそ、児を置いて育てる。そこは、いわば囲われた「家」のようなものだ。家郷。もちろん、樹や岩のなかに巣を見つけたり、拵えたりしてそこに棲んだとしても、この原則は、変わらない。

懐は「前」に拡散した、では「懐かしき原郷」はどこへ？

人間の場合、その家郷のような「懐」が、直立することによって、とてつもなく拡大してしまったといえよう。

大地と自らの身の間の囲いがとれたのである。大地のかわりに何が囲ってくれるのだろうか。

この広大な涯《はて》もなさそうな未知の空間には、魅力的な様々なものも、得体の知れぬ不気味なものも、美しいものも、自分を激しく攻撃してきそうなものも、いそうである。

そこで、自らが身を晒しているこの未知の空間を、手足を届かせて干渉し、「懐」のように温め、よく感じられ、親しいものにするにはどうしたらよいか。そのような衝動や幻想に駆られることになるのではないだろうか。

人間は、直立二足歩行の姿勢によって、この広大というも愚かな空間を元々の「懐」のごとくしなければならない、という、途方もない課題をもってしまった。

手足は、とうてい、すべての前方の空間に届くものでない。もちろん、時には身を危険に晒しても移動すれば、そこで接近したものに触れることはできるが……。また、温血動物の懐のように人の熱でこの空間を温めたり、加減して適度な温度にすることもできない。

「前」に世界が拡がってはいるが、同時に立ち塞がってもいる。

人間の、あらゆる営みは、この本来は懐であり、家郷であるべき「前」のひろがりにどう対処するかを課題にしているのではないだろうか。

文化も文明も、人を呑み込むように待ち構えるこの空間へ、あるいは空間からやってくるものへ応えようとした人間の工夫と努力の成果である。ことばも想像力も思考もそのために用いる。

宗教も瞑想も祭礼も祈りも神話も、戦闘術も、他への攻撃も、哲学や、様々な踊りや歌も、もちろん生産も、あらゆる営みは、当初は、このような前方空間に促されての「世界への態勢」をその原動力の一つにしていたと思われる。今でも、文化、文明と名付けた営みによって、その続きを行なっているのではないだろうか。

ここでもう一つ加えておかなければならない。人間は「懐」を前方へ拡大することになったと述べてきたが、その前方は果てしなく、上方へもつながり、拡大する。つまり、前方――懐は宇宙まで拡がるのである！　そうすると、人間は「宇宙」を「懐」、つまり「原郷」と化したい、と夢見ているのか。それは果たすことのできない夢想か、それとも、「正夢」か。

何人かの先人が暗示したように、本当は世界や宇宙は、一人一人にとっての「懐」のような原郷たり得るはずではないだろうか。

立って前方に執《と》われ背後を無視する――公害もその表れ

どうしても、人間は「前」へ執われがちになる。

大体、人間だけでなく動くもの――動物も、基本的に自己の「前」への執われをもつようにできている。目も鼻も口もからだの前方につき、ほとんどの動物は、獲物だろうと異性だろうと、攻撃すべき敵だろうと自らの欲しいもの、近づきたいものを、前へ置いて行動する。逆に何かから逃走し離れるには、通常そこを後にする。

けれど、人間はそのことに気付き、時折は「後ろ」を強く意識することも行なう。演劇や映画の名優は、後ろ姿で芝居できる。歌舞伎や舞踊などでも、後ろ姿が様にならないと、充分でないとされる。

それには「背中が割れる」という表現があって、背骨を中心に、背後に「気」が通っていることが大切になる。この場合の「気」とは意識とか、こころのようなことである。

「割れる」は「腰」が一般に斟酌されていて、たとえば相撲などでは、取組みの時腰を低くするだけでなく、腰を「割って」、あらゆる方向に存分に力が働くようにする。相撲取りの四股《しこ》踏みなどは、足腰の筋肉を鍛えるだけでなく、腰を割るためにも行なう。「割る」とは、初心ではそこに中心軸のようなものを保て、ということで、その中心から左右をはじめとするあらゆる方向に、意と力が及ぶ、ということである。

剣術などは相手（敵）を前に見て、一対一で勝負するのを「尋常の勝負」としたが、おそらく、体制が固まる江戸時代以前は、そんな真剣勝負は少ない。

多くの場合、多勢、しかも後ろにも敵がいることを前提にしていたのが元々の剣術であり、武術であった。しかも、今よりも遥かに濃かった闇夜のことも前提になっていた。

そこで、特に、通常は見えない背後を意識した稽古法の構えや、背後をとらえるための呼吸法も伝えられていた。

ともかく、現代のように、何事であれ人間が様々のものを「前」にのみ据えて、後ろをあまり意識しないで済むようになったのは、ある意味では異常な事態ともいえるのかもしれない。

ある時、住宅の設計に取り組んでいる建築士と話して、建物の構えも、演劇や武術の身体技法と同じように、前だけでなく、後ろ姿とか背面が大切ではないか、と言ったら、驚いて、なる程と納得されたことがあったが、私としては、そういう後ろや背面についての心得が建築界の常識にはなっていないのかと、少し驚いた。

このような、後ろ姿のことに限らず、武術や舞台芸術の身体技法に伝わる様々の心得やたしなみの原則は、もっと文化、文明の各ジャンルにつながったり、発想のヒントになってもいいと思う。

からだの前や目の前に対象の物を置いたり、機器（映像のための）を前に据えて、世界に生じてくる物事をとらえようとする。しかも、本来は三次元的な現象も、スクリーンという二次元に整合して見る。それを、私たち現代人が多くの時間を割いて行ない、世界を計測し動かすことになる。そうしていつの間にか活き活きとしたり、切羽詰まったりする生な現実から隔てられる。

空間上の前後の関係は、時間的な前後の関係に移行して、私たちのもののとらえ方を支配している。たとえば公害である。垂れ流しという言葉にそれが出ている。物質だろうと、精神的な名誉だろうと美味しい結果、輝かしい成果を得るために、前進し、拡大する。後（あと・うしろ）を省みないで。それが公害である。

人間の教育やしつけを考える。赤ん坊がおむつをとって育ってゆく際、最も大切なしつけはトイレである。そのことなしには児は社会に入ってゆけない。それは誰でも全力というも愚かな程取り組んで、児たちは皆、少なくともその面では社会で無事生きていけるようになる。しつけの第一。ところが多くの産業や原発ではその第一の原則を無視しても、とがめられない。

まさにトイレのない家といわれる原発のプラント。そのプラントのあり方は深刻な問題を引き起こしているが、その考え方の骨格は原発以前から蔓延していたことにすぎない。科学の進歩や生活、文明の発展という名の下にそれが規模の大きな産業に及び、現在も人間はそのために苦しんでいる。けれど、元を辿れば実に、人間の直立という宿業と深く密にかかわっているのである。

さて、まさに人の「からだ」がとった直立二足歩行の態勢の裡にこそ、その抜き差しならぬ諸問題を起こす宿業の因も潜むと述べてきた。けれど同時に、そこにこそ宿業を解き、脱け出るヒントもあるのではないか。

空は私の肺だ――「ひろがり」の共有へ

私は、その朝、いつものように何気なく戸外へ出た。

マンション共同の小さな芝生の庭で、いつものように深呼吸を伴うエクササイズをしようとして、ふっと、自分がいつの間にか身を硬くしているのに気付いた。

そして、快く楽しめるはずのそのエクササイズをする気持ちも失せてしまった。

二〇一一年の三・一一の後、何日かして、上水道の貯水池の放射線量が限度を超えたかもしれないので乳幼児には飲ませないように、と東京都が勧告した次の日だった。

私の身が硬くなって、外気を大きく吸うことを控えたその何日か後、ある感情がふと湧いてきた。

それは、私たち個々人の生命は、世界というひろがりのただ中にあって、互いにそのひろがりを密に「共有」しているのだ、ということだった。

福島という、私の住む東京の西部からは約二百五十キロメートルは離れている、ほんの小

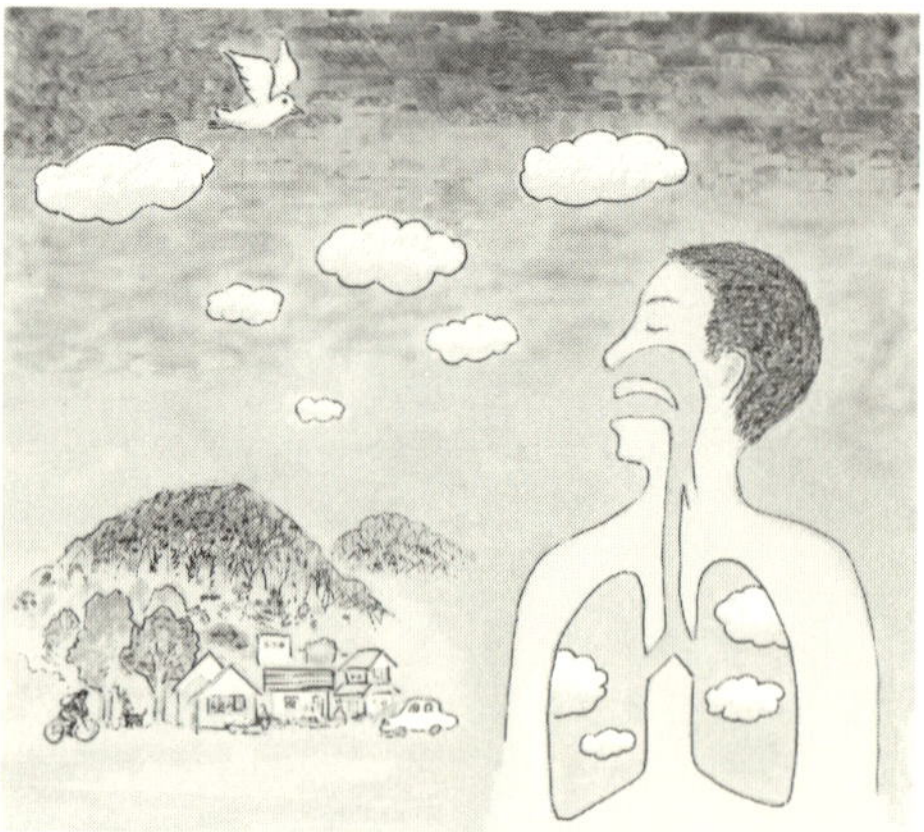

空は私の「大きな肺」である

さな場所で生じた事件の波が、あっという間に拡散し、覆ってきた(後には静岡以西も覆ったことが明らかになった)。もちろんその中に居るこの私自身も覆われることになった。

私は、私の肺というごく小さな器で呼吸して命脈を保っている。しかし私のすぐ外の空間、その周囲からつながって拡がっている大気の領域、空が、その小さな器に直通している。

そう、フクシマを含む東日本を中心とした巨大な空間は、私もその裡に含んで、いわば私の、そして無数の人々の外なる大きな呼吸器でもある。そのように否応もなく思わされた。空間、ひろがり、大空、何と呼ぼうと、それは私の大なる方の呼吸器官である(上図)。

その巨大な「肺」に、目には見えない強烈な毒が滲んだらたちまち、そこと直通している私の小さな方の器、肺も冒される可能性が生じる。

どんな豊かな富や権力を握っている人も、握っていない人も、脱原発を主張する人も、促進派もすべて、平等にこの大いなる空間、大空の裡に共に生きていることが、これほどに痛感させられるとは。

汚染による負の様相によって、世界空間の裡に共にあることとの宿命があらためて明らかに立ち現れた。

この痛烈、痛切な程の共感感覚は、意外にも、とても積極的な逃れようもない覚悟のような感情を私にもたらしたのには、我ながら驚いた。いわば負（マイナス）の感情が反転しての強い共生感情（苦さを含む）ともいうべきか。

空間の共有……。

武術の対決と都市空間

人間は昔から、どうしたら「空間」、「ひろがり」や「場」を共有し合えるか、工夫し、試してきた、といえる。掟や法律などはもちろん、モラルや道徳、時に宗教にも、そのテーマが基本にあったのではないだろうか……。

ここで、少し武術について触れよう。唐突なようだが、武術の本質の中に、空間やひろがりの共有についてのモデルがあり、ヒントがありそうだからである。

そもそも人間は、あらゆる生きものや諸々のものと同様、一定の場を占有したり、拡大したりしなければならない。互いにそれを妨害する者は時には平らげるべき敵として対峙し、争うこともある。三次元にひろがりをもって生きている以上、つまりからだをもって生きている以上、意識しようとするまいとそうなり得る。極めて簡略化して言ってしまえば、そのために特化した技法の一つが武術ということになる。

けれども、武術のそのような側面は、単に武術を揮う場合や武術家のみにあてはまるのではない。

生きて空間に居ること、その場を占めていること自体に何らかの形での「力」が伴い、どんなに目立たなくてもある種の「技」を揮っていることになるではないか。

その意味で万人はすべて武道、武術家的存在である、ともいえる。

ところで、「武の本質は『愛』である」、と言った合気道の植芝盛平がいた。同じく植芝翁の言葉として「『和』を産みなすを『武』という」も伝えられている。この人については本書の一章で少し触れた。「武は愛なり」……そんなとんでもない矛盾、逆説はない！　と誰しも思うだろう。私もかつてはそうだった。

他にも、我が国の伝統武術の歴史で、剣術の本質は「聖」に至る、と述べたり、「愛」を語った武術家もいた。技に達して、決して人を殺めたりしなくなった名人のエピソードも一つならず残っている。

ともあれ、対決の技や力の発揮が一種の沸点に達したかのように転換、親和状態を産み出す術（アート）に変容してしまう。衝突する人間同士が、互いに、その存在の深いところで響き合い、認め合うことになる。この宇宙の裡に生き、その空間を共有して存在する者同士として敬い合う……そういうところまで、武術は人を導き得る……と、私は多少の見聞や体験からも思うのである。

それは、折衝や打算による妥協、ネゴシエーションとは異なるレベルのものだ。

自他の存在の根源的な肯定がなされる。その時は、自分と相手（当初は敵として現れたもの）だけでなく、自分と相手を抱き容れて育み慈しんでいる世界、宇宙という場の大いなる肯定の感情が、時としては、大洋のように波となって押し寄せるだろう（このような「宇宙意識」を「オーシャニック・コンシャスネス」と呼ぶ人もいる)。

このような、対立する人同士が、その対立を超えてしまって、ある調和状態に達することができるという武道の裡に秘められる叡智は様々の想像力を掻きたてる。

今思えば、一章で述べたように、合気道の植芝翁が、ある時道場で何気なく「合気(道)は常識よ」と語ったのも、私が述べてきたこととつながっていたのかもしれない。つまり、この世界に存在する人間(や他の生きものたちも)は、互いに時間の制限の裡で、ある一定の空間を占有する宿命である。それも「常識」。それが互いに衝突し、争いと化してしまうのでない。そうなりかけても、そこを転換して互いに認め合い親和する関係を産み出す状態にしてしまう。それは一個の人間の力にのみ拠るのでなく、いわば大自然の造化力が、人間を通して顕わになることだ。それも「常識」なのだ(私が一章で述べた私自身の少年時の体験も、そういう境のほんの一部に、ほんの一瞬触れたことだったのかもしれない)。そういう能力を引き出すのが真の武道だ、と語りたかったのでは、と、私には、今、思われる。植芝翁が八十歳を越しても道場でまるで舞いのごとく軽々と示していた輝くような技と共に、そのようなことを語られたのを私は鮮明に覚えているのである。

もちろん多くの人々には、特に武道や武術を己を強くするために稽古し、実践して向上しようとしている人には、ここに述べようとする「共生」の武術はとても観念的で、現実から宙に浮いた空中楼閣として嗤われるかもしれない。しかし、それでも、対決が煮詰まりそうになりながらも、挙句にそれが「愛」や親和状態となる可能性があるという何人かの境地や言説は驚嘆すべきものだ、と私には思えるし、これ程探求する価値があるものはそうない、と思えて仕方ないのである。私は、それを実感実現するための身体技法を工夫して「あまつかぜ」として編んでいる（別章参照）。それはこの二、三年のことである。

ところで、ここで述べてきたような武術が、もし現実に可能であるならば、それは異なった立場で一定の場を占めながら生きなければならない人間同士が、どのように共に生きるかについてのヒントになるだろう。争いを転化して共存、共生の状態を実現できるかという課題にヒントになるのではと、想像する。

古代の人々がどう共生を図ったか

ここで、視点を変えて、異なった立場の者や集団同士が、一定の範囲の地域に住み始めた古代からの歴史を考えてみよう。

異なった立場の者や集団が、一定の範囲の場所に住むためには、そのための工夫が欠かせない。そのようなことは、古代の都市国家（主として紀元前）やそれ以前からの王国や帝国にも見られただろう。

法律や条令などの決まりごと。都市や生活に必要なインフラについて、それを作成したり使用するについての最低限の情報伝達。価値の基準となる貨幣や金銭……。このようなことが思いつかれる。どれも、ことばや簡単な記号や数値で計られ示されて共有される。

もちろん、奴隷制や王制などのヒエラルキーはあるが、このような「共通項」や伝達の手段があってはじめて異なった者たちにも、少なくとも一定以上の期間は、安定した生活が保証される。

しかし、そうした実践上の手段だけでは足りない。そのような実践上の手段を裏打ちし、誘導し、鼓舞する精神的なヴィジョンが欠かせなかった。

それが、後に「人類の教師」と呼ばれる、仏陀、孔子、老子、ソクラテス、イエス、そしてマホメットたちによってもたらされた。

彼らは、解脱と慈悲（仏陀）、仁と恕（孔子）、無為――無抵抗の理（老子）、愛（キリスト）、無知の知（ソクラテス）等を説いた。それは、一方では古代の民衆の中によりよき生活、人生、共生への願いが切実なものとして醸成されてきていて、それが、「教師」たちのヴィジョンやことばとなって時の灯火となったのだともいえるだろう。

現代、一般にはこれらのことばやヴィジョンは、書いて額の中に飾って、時々眺めるようなもの、とされてしまいかねない。けれど、すべての「教師」たちは、そうしたヴィジョン、ことばのために文字通り血を流し、生命を供したのである。典型的なキリストの磔刑は無論、他の「教師」たちも同様である。世の栄華を誇った者たちではない。この現実の世では、彼らの生涯はまるでほとんど「負けた」者のそれのようにさえ映る。

いずれも、異なった者や集団同士が、どうして限られた範囲の空間に住み合うか……をテーマの一つにしているともいえる。すべて、他を受け容れる営み、他を排除してしまわないための意図を含んでいるのではないか。ある意味では空間――場――世界の共有の精神――であり、その実現への指針である。

（ソクラテスの「無知の知」も、本来は、書きつけられた文字によってではなく、人間同士が場を共にして対話することで、ものごとの真理を追究してゆくことと並行している。相手の語ることを厳密さをもってではあるが受け容れ合い、その過程を尊重しつつ討議して真理を明らかにする。権威や固定概念によって、互いを排除、排斥することを避けることが眼目だ。つまりそれは他を受け容れる平等の精神あるいは方法である）

以上、武術という極めて個人的な空間での出会いや対立のことと、都市や国の空間に共生する人間や集団同士の出会い方について、自分なりの感想のようなものにすぎないかもしれぬが述べてみた。

いずれも、人間が立ち上がって「懐」としていた前方の空間が拡がり、果てしないと思われるほどに拡大してしまったことと関連している。共生とは、「ひろがり」あるいは「場」の共有のことでもある。それは、まさに人間同士が、互いを、己の前、そして、上方へ、四方へと拡がる空間である「懐」に容れ合うことでもあるのだ。その懐の広大さ、深さをどのくらい自覚できているかが問われるのである。

民衆たちの奥深い切なる願いが結晶したともいえる「教師」たちのヴィジョンは、そのような空間——懐の共有の可能性について説こうとしていた、といえよう。

長い歴史の過程で、彼らのヴィジョンは、権威として硬化され、権力によって飾られつつ掲げられて、人民を支配することにも利用されてもきた。

しかし、たとえその過程で、その光が消えかかり鈍くなることがあったにせよ、そのヴィジョンはこれまでは何千年もの間、辛うじてではあっても人類の精神の灯火のようなもの、黄金律のようなものとしてあり続けてきてもいるのである。

『沈黙の春』のレイチェル・カーソンと『苦海浄土』の石牟礼道子

空間の共有……もちろんそのことが現代でも、問われ続けている。けれどもこれまでの「教師」たちの言説、発想では、必ずしも充分ではないのだ。

彼らの時代には、まだ露わになっていなかった……たとえば、大規模な地球規模での公害の問題である。これが新しい、空間の問題、人類の「懐」についての新しい課題になった。

宇宙というひろがりを懐──原郷とすべき人間にとって、直面し越えなければならない課題である。古代から今まで多くの人々が信奉してきた「教師」たちの発想や表現では充分には覆いきれない課題である。何か重要なヒントを見出さなければならないのではないか。

私は、もう一度、人間のからだ──身体の問題に即してそのヒントを見出せたら、と思うのである。

そのように思う理由の一つには、公害の問題は、どちらかというと男性よりも女性の方がより鋭敏に深くとらえてきているのではないか、ということである。レイチェル・カーソン（一九〇七―一九六四）の例がある。彼女は元々生物学者だった。ある年、大好きだった春になっても、周りの自然で小鳥たちの囀りが聴こえないことにふと気付いた。そして間もなく、その頃世界中で全く疑いをもたれることもなく害虫駆除のため盛んに使用されていたＤＤＴの恐るべき弊害に気付いた。彼女の訴えは、当初は無視され、大変な迫害を受けた。やがてケネディ大統領が関心を寄せ、米国ではＤＤＴは禁止されるに至った。この問題をカーソンは『沈黙の春』という著作に書いた。これこそ、公害問題、環境汚染へ、はじめて人々の関心を広く寄せさせることになった名著である。

まずはじめに、春の鳥の囀りの欠如に気付いてゆく感性があった。

環境汚染や公害についての女性の著作という点で、私たちが想起するのは、水俣病と作家石牟礼道子（一九二七―二〇一八）だろう。水俣病の発生からの過程を、苦しみ抜く患者たちに寄り添うように記す『苦海浄土』は、現代日本の文学を代表する名著の一つという他ない。彼女は、あたかもシャーマン（巫女）のようなところもあって、汚染に苦しみ抜く人間を中心に動物や海や大地などの自然のことも感受するかのように、なかば詩のように、時に謳うように――つまり人や自然へ呼吸を通わせるように書く。本人もこれを「浄瑠璃」のごときものと述べている（「あとがき」）。これも、女性的な、また「母性」的な感性なしには成し得ない技である。この「母性」は石牟礼氏自身自覚していたと思われる。

二〇一一年、三・一一以降のフクシマでも同様ではないか。

私の娘は、ホース・セラピーといって、障害のある子供たちを馬に乗せたり触れさせたりする仕事を中国地方の牧場でしている。三・一一のフクシマの事故後、その牧場で何人かの原発に近い地域の十代の女の子たちを預かった。娘から話を聞いて私が印象深かったのは、放射能のせいで将来、子供を産めなくなる恐怖から悲観に圧し潰された気持ちを抱えたままになった児たちが少なくなかった、ということである。ホース・セラピーのプログラムで通常なら数日すると抑鬱的な精神状態も少しは軽くなるのに、その児たちは軽減の様子もなくその時は終わった、という。生命活動の最も微妙な営みをする胎児や赤児などに汚染の毒は響きやすいというのは、一つの知識ではある。けれど女性はそれをからだで鋭敏に直感、予感するのだろうか。

公害もフクシマの問題も、源を辿れば人間が直立二足歩行を始めて、「懐」を前に晒して故郷とすべきひろがりを宇宙へとさらに拡大し、文化、文明をなしてきた、その根源的な営みの過程に生じた「業」である。

私たちは、この深刻な「業」へ充分に対応する態勢は未だとれていない。まずこの「業」を痛切なほど思い知ることから始めなければならない。

知的に対応するだけでなく、たとえばここにも述べてきた女性たちのように「からだ」の感性も伴っていなければならない。

宇宙、自然を「原郷」とし、そこを我が懐《ふところ》、懐かしい我が家のように親しみあるものと感じられるようにしてゆく。感じられるだけのものに「創」ってもゆく。からだ、ことば、こころという、直立二足歩行によって人に備わってきた働き——空海のいう「身・口・意」が相まって現代に実現すべきところだろう。

天高しと雖《いえど》も……数千年前からのヒント

そのような業から解き放たれる道はどこにあるのだろうか。

もちろん、科学技術のさらなる進歩を挙げる人もいるだろう。ただし、その進展の過程そのものにこそ含まれてきた「害」を最小限に抑えたり、できれば無くすることが条件になる。それには「教師」たちのヴィジョンに匹敵するだけの、特に自然と人間の関係についての実践的な思想や哲学が、科学を進展させようとする人間を導かなければならないだろう。

私には、そのような有効な実践的な思想を述べる力などないが、ただ一つ、先に述べたように、人間の「からだ」の裡にあるものに、もう一度立ち返ってみるのは無駄ではないとは考える。

立ち上がって人間となったことの自覚。「懐」という原郷を前方だけでなく果てしなく、更に上方の宇宙にまで拡大した、その基本的態勢の中に潜む叡智の可能性。それは、懐――家郷――原郷が、世界、宇宙にまで拡大されたことの自覚からくる。

そこで、再び武術の世界を振り返ってみる。

天高しと雖《いえど》も敢えて跼《せぐくま》り
地厚しと雖も敢えて踏み荒さず

（天は果てしなく高い　けれども　私は静かに身を縮めて小さくしていよう
地は、びくともしない程厚い
けれど、私は敢えてそこを荒々しく歩まない　――坪井・意訳――）

剣術の屈指の名人で新陰流の祖、上泉伊勢守（一五〇八？―一五八二）が書き遺した句だという。世界――宇宙の裡に生きる人間としてその「ひろがり」についての感慨で、これほどの品格、広やかさ、深さのものはそうないのではないか。私ははじめてこの句に出会った際、雷に撃たれたように感じたものだった。

上泉伊勢守は、黒澤明（一九一〇―一九九八）の代表作品『七人の侍』の中に出てくるエピソードのモデルとも伝えられる剣豪である。伊勢守が行き掛かったある村で、荒れ狂った浪人が、子供を人質にとって一軒の農家に閉じ籠った。伊勢守は、そこで頭を丸め、衣を借りて僧形になり、村人ににぎりめしを作らせて持って行き、これを子供にも食わせよ、お前も食べよと浪人に呼びかけ、丸腰で一軒家に近づく。油断して出てきた浪人の握っていた抜き身の刀を奪い取って、子供を無事救い出した。その浪人を映画のように奪い取った刀で一瞬の裡に斬ったかどうか、その元々のエピソードはそうなっていたのだろうか。

伊勢守は江戸将軍家と尾張の徳川家の指南役になった柳生新陰流の祖・石舟斎の師匠で、無刀取りといって、刀を奪う術も工夫していた可能性もあるので、現実にこのエピソードのようなことがあったにせよ、浪人の武器を奪っただけかもしれない。

ところで調べると、古今の名人である上泉伊勢守の創作と私が長く思い込んでいたこの言葉には、様々な由来が見えてきた。

気流法の稽古指導員の朽名輝臣君は、以前は僧堂に通っていて、私が以前から感動して引用もしてきたこの句は、禅宗で今でも老師たちが最も大切な句の一つとして伝えるものだ、というのである。

そして、元々は、中国の『詩経』にある句だというのである。『詩経』は紀元前十世紀から六世紀頃に成立し、後に孔子がこれを三百編に編集したとして伝えられているものである。ところが、読むと元々の『詩経』の句は、大分ニュアンスが異なっていて、『詩経』のこの句の前後から見ても、とても消極的で悲惨なニュアンスで、虐げられた民が恐れおののいて天と地の間に身を縮め心を萎縮させているかのような状態の表現ととられる。

禅では、それを遥かに積極的なニュアンスに、いわば換骨奪胎する。

人間は天と地の間に、どうしようもなく生きている。ギリギリの必然の態勢。もがいても仕方ない。静和にしている他ない状態ではある。いわば「そのまま」。しかし、禅では、穏和至極でありながら、そこからいわば猛烈至極な「積極性」を発する。同じ句、同じ様相を乾坤一擲《けんこんいってき》ぐるりと反転させてしまったのである。まるで、ふと、飽くまでさり気なくだが、天地を呑み込んでしまったかのようである。世界と共に深々と息をして揺るぎない。広く深い世界と共に人は実存する、というのだ。

上泉伊勢守は、禅をたしなんでいて、この句を知ったのだろうか。充分考えられるだろう。伊勢守の弟子で後継者の柳生流の人々も、有名な沢庵など禅僧と関係が深かった。

ところが私は、別の時、禅とはかかわりないある小冊子で、ほとんどこれと同じ句があることを知って驚いた。

それは、日本に禅が入ってくる遥か以前の時代、『日本書紀』(七二〇年成立)からの引用だった。

「……むかし、わが皇祖の天皇たちの世を治めたまうこと、天にせくぐまり、地にぬきあしして、あつく神祇を礼《いやま》いたもう……」——聖徳太子摂政の時代、推古天皇の詔勅である。詔勅とは、政《まつりごと》の責任者である天皇のいわば政治方針の宣言のようなものである。神祇とは、天と地の神々である。天津神《あまつかみ》と国津神《くにつかみ》、八百万《やおよろづ》の神々。

天にせくぐまり(身を謹んで)、地にぬきあし(踏み荒さず)して……己れの周囲の「場」を成しているあらゆるスピリットたちを敬いつつ、政を行なう、ということだろう。「場」——ひろがりの裡にあること、「場」と共に在ることをとても端的に表しているのではと思う。

遥か古の中国の対句がほとんどそのまま取り入れられているが、この詔勅中の句の方は、太古の詩にある極めて消極的な「恐れ」の感情から、それを「畏れ」へと変容させているといえよう。

恐れはいわば、身と心を封じ縛る働きをするが、「畏れ」は、対象を、敬いつつ受けとめ、政を慎重にしてゆく気持ちや決意を含ませていると解釈できよう。

こうして、早くも、『詩経』の句の意味を変換したものを用いたのが、飛鳥時代であったとすれば、禅僧たちも、むしろ『詩経』からよりも、もしかしたら、日本に仏教を取り入れ、日本的に花咲かせる源となった最初の大思想家、聖徳太子の影響等によって取り入れることになったのだろうか。このあたりは私の知識の及ぶところではないが、そのような勝手な想像にも駆られる。

どちらにせよ……

遥か太古の詩の中の一片の句が、やがて孔子の時代に生き、日本へ来て飛鳥時代に生き、やがて日本の禅に、そして、室町から安土、桃山時代に生きた剣豪に活かされたのだろう。長い間に少しずつ意味をまるで鍛えられてゆくかのように変容させて続いてきた。

この句は、人間の「懐」が前へそして上へ、宇宙へと無限に拡がってしまったこととかかわらせてとらえることができよう。少なくともそのように想ってみる価値はある。無限に拡がった空間――宇宙――四方、八方、十方を「懐かしき」ものにするため、「原郷」とするための叡智の種子がここにある。

それは、中国から日本へと伝わってきたことばを通し、からだを通して現代まで受け継がれてきたことになる。

私たちは、さらにここから未来へ向かってこの句の含むニュアンスを鍛え成長させ、変容させてゆくことが必要だと思われる。

八章

浮き世と浮き身——重力に則って重力を活かす

玉三郎が「浮き身」で動く

人間は二本足で立つことで、どのように重さとかかわるかが課題となった。

ここでは「重さ」に焦点を絞って人の歩みや立ち方をとらえよう。

切実な願いを遂げられずに想いや執着を強く残して亡くなった人々のことを、よく、あの人は「浮かばれない」などという。歌舞伎『東海道四谷怪談』では、非業の最期を遂げた人の亡霊へ、「浮いてくれ！」と呼びかけると聞いた。

浮かぶことは、「重力」の裡に封じ込められたこの世の葛藤から脱することである。生きていてもこころに屈託を抱えていると「浮かぬ」顔になったりもする。

執われから脱することは、何事でも容易ではない。そこで、禅などでも「放下著《ほうげじゃく》」などといって、そういう執われから脱却することを勧める。

武術の方では、そういう執われを「居着き」という。勝負の際、自分の足を踏ん張って頑張れば、いかにも自分が強化されたような感覚に陥るが、それは錯覚であって、その踏ん張りや力みで時間や動きの停滞が生じてしまうだろう。できるだけ自在に敵や状況に対応するべき身体技法である武術では、この「居着き」が最も嫌われる。対する相手の目を見れば目に執われ、手を見れば手に、剣を見れば剣に執われてしまう。そこで、どこも凝視するな、などと言ったり、あるいは宮本武蔵の有名な言葉のように「観《かん》の目強く、見《けん》の目弱く」という。観とは、対象の全体を執われなくとらえる、ということであり、見とは、そこにある対象を分別して、その形とか色とかを分析的にとらえることである。観の目を主とし、見の目の働きは抑え気味にせよ、ということである。

あるいは、武蔵だけでなく、昔から武道の教えに「遠山《とおやま》の目付」ともいう。相手を前にして、そこにこだわって目線を釘付けしたように集中してしまうのでなく、遠い山を見晴るかすようにせよ、というのである。

身体活動を束縛する最大の要素である重さ、重力に関しては「浮き身」ということがいわれている。「浮き身」を伴わない武術の技は、いくら形や様がよく、派手で迫力がありそうでも、ほとんど、技が活きてこない。

武術は、必要上、ある意味で医術と同等に、深く精妙に身体の活動法を追求しなければならなかったため、身体活動を最も縛ってしまう「重さ」について、最も深い考察と実践法を明らかにし得た。その枠というべきものが「浮き身」なのだ。

重さは我が身を束縛もするが、同時に重さがあってはじめて人間の様々の身体活動が可能になる。鳥が空気中を飛ぶ際に空気の抵抗があるので速さが制限される。けれどその空気によってこそ飛べる。その事情に似ている。

「浮き身」はそのことを深くとらえる実践的な叡智であり、「活き学問」なのである。

私は若い頃、小笠原流という弓術と礼法の家元を訪ねたことがあった。鎌倉時代から続く家元は、当時は第三十世小笠原清信師（一九一三―一九九二）といって、大学で教育心理学の教授も務めていた。その師が道場で正坐して私に言う。一日中この姿勢をしていても、足は皮膚一枚床（畳）から浮かしたままだ、と。

武術や合気道の経験も浅い当時の私にとっては、とんでもないことのように思えたものだった。小笠原師は「浮き身」を体得した人だったと思う。

けれど、その私も今では、「浮き身」の身ごなしがある程度はできるようになった。私を含めた一般の現代人がどうすればできるかも、幾つかの筋道、方法を工夫してきた。その結果、以前なら自分でも信じられなかったような武術や合気道や柔《やわら》の技も可能になってきた（162・163頁写真）。

ともかく、「浮き身」によって、通常は重力の裡に封じ込められ、そこから脱しようとして、執着して踏ん張ったりするのでは得られない、次元を異にするかと思える程の速度と感度が自ずと得られ、集中した力も働かせ得られるのである。

柳生流の祖、柳生石舟斎（一五二七―一六〇六）の浮き身のエピソードを挙げる。

石舟斎は晩年、中風になって、片足が不自由だった。ある冬に、厠《かわや》に立たねばならなくなった。厠は外の吹きさらしの廊下を渡って行かなくてはならない。そこはツルツルに凍って滑りやすい。周りの者が心配して介助に付き添おうとすると、石舟斎は「自分は浮き身を心得ているので心配ない」と押し止め、無事に用を済ませた、という。こうした例は武術では日本だけでなく、中国などでもたくさん伝えられている。チベットにも似た例はある。

私は最近、歌舞伎に行った。坂東玉三郎が、妖精のような姫に扮して舞った。妖麗な、その姿で、半ば坐っていて「浮き身」がかかって舞台を両膝で縦横に滑るように動く。観客はこの世ならぬ夢幻世界に誘われ、その一場が終わると溜息をつく。

単に、外面的に美しく素早く巧みに動くのでもないのだ。

そういう心境ならぬ重力との関係の「身境」に入った名手の舞いは、必ずしも日本の伝統

二人に手を掴まれ吊り上げられた状態から一気に投げる

小太刀の型の浮き身

抜き上げで斬った真竹（直径 4cm）。
真竹は太い孟宗竹より斬りにくいとされる

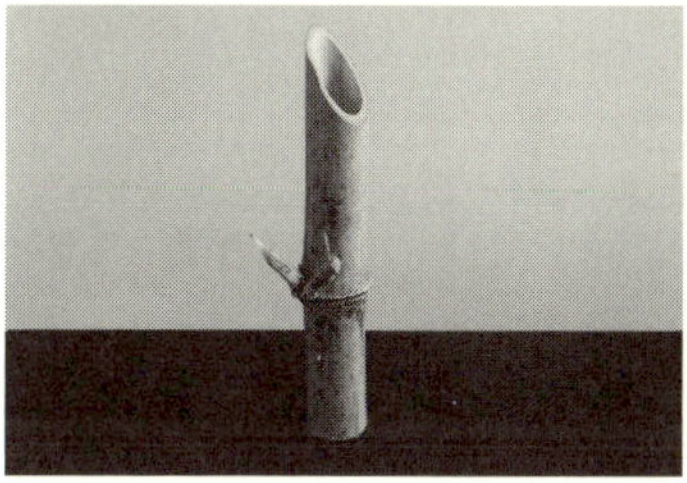

浮き身をかける一瞬の抜き付け

「浮き身」とは身心の「結び」——和らかい自然体である

的なものだけでもない。

すぐに想い起こされるのが、マイケル・ジャクソン、彼に影響を与えたフレッド・アステア、ダンサーではないが同じく、マイケルが心酔していたチャールズ・チャップリンなどの動きは、少なくともある一瞬には「浮き身」がかかっていた。

彼らのパフォーマンスは特に芸術や舞いに通常は関心のない人にも、感銘を与えてしまう。大衆にも受け容れられた彼らの魅力も、「浮き身」という、重力との根本的な関係の変容をまざまざと見せたからこそではないだろうか。

たとえば、サンバやサルサのダンスなどを見ていると、「浮き身」で行なっているようだ。そうでなければ単に体力や若さや勢いだけで、徹夜で踊ったり、何日も舞い続けるのは難しいだろう。

ブラジルの武術、カポエラも、練習ではドラムなどを鳴らしリズミカルに、踊りのように動くが、これも上手な人は「浮き身」をかけていると思われる。

他の民族舞踊で、必ずしも見物する者たちのためでなく、自分たちの集団のために激しく長く舞い続けるものが多い。それらも、「浮き身」をかけているものが多いと思われる。もちろんそこには、部族を守る精霊や祖霊などへの祈りなどのいわゆる「スピリチュアル」な

「想像力」の働きも渾然一体となっている場合もある。

大体において、あらゆる古代や中世から続く宗教のほとんども、三昧とか、エクスタシー（脱我）の境が問われているが、その最高の境地では、心は一種の陶酔状態になる。心がそうなれば「浮き身」とつながっていきやすい。たとえばイスラム教で一日五回行なわれる、お辞儀を繰り返す礼拝の全身を大地に振り下ろす一瞬は、いわば「浮き身」状態になっていると見えるのである。その一瞬は礼拝する者の身も心も重力とのかかわり（つまり、この世界とのかかわり）を変容していると見える……。

もちろん、武道では、目の前の相手（敵）という、現実中の現実が、まさに現実の切実さを問い続けるので、それに応じる当方の現実性もしっかりと維持されていなければならないし、プロの舞い手ならば、観客の目で技を問われるので、それに応じるための構えは「浮き身」の過程でも油断なく保たれるが……。

芭蕉の句、柳生の剣、『ひょっこりひょうたん島』に「浮き身」がかかる

「浮き身」は、もう少し広くとらえると、武術や舞いや宗教を含んだ様々の身体技法の世

界に限られるものではない。「からだ」の浮き身があれば「ことば」の浮き身もある。たとえば、俳句を確立した芭蕉は、その道を何年も探求していくうちに、向かうべきところを、わび、とか、さびなどとも唱えたが、最後の頃に「軽み」を言い出した。

俳句は元々、発句といい、何人もが一座に連なって、長短の句をつないでゆく。前の人のことばを受けて、次の人がそれに応えつつ、場を発展させてゆく「連句」である。そこで一座の一人がいくら凄い発想で質高くことばを練って作品を決めることより、ずっとその場が開かれてつないでゆくものの方がよい、ということになるだろう。

格調や美にこだわる（つまり居着く）のでなく、むしろ、その場が開かれて流れてゆくことが大切になる。

私は、そのような「軽み」も発想としては「浮き身」と非常に近接しているのではないかと思うのである。そこに目指されている味わいは、とらわれやこわばりの少ない意識の自在であり、速度である。時にそれはユーモアにも通じるものだった。

元々、芭蕉は「浮き身」の人だったともいえないだろうか。

月日は百代の過客にして
行かう年も又旅人也。
舟の上に生涯をうかべ、馬の口とらえて老をむかうる者は、
日々旅にして旅を栖《すみか》とす。
……………
予もいずれの年よりか、片雲《へんうん》の風にさそわれて、
漂泊の思いやまず、……

芭蕉はこうして「おくのほそ道」へと旅に発ったのだった。

この「無常観」は片雲の風、漂泊と、まさに流れ、浮きの状態である。

仏教の影響もあるにしても、日本的な無常の精神はこのように鋭敏な身体感覚と共にあったのである。芭蕉――鴨長明――西行……へと遡れる無常観ともかかわる。常ならぬ身、変わりゆく世、憂き世……。

芭蕉に先んずること約一世紀、先に挙げた柳生石舟斎は、小領主として、戦国末期に大名

たちの勢力争いのただ中で散々翻弄され続けた。そこで彼は、このような歌も作っている。

世をわたるわざのなきゆえ兵法を
かくれ家のみに頼む身ぞ憂き

世の中をわたる術《すべ》が他にないので、剣術を自分のかくれ家にして頼っていかなければならない。この現実は憂いのあることだ（憂きと浮きをかけている）。

こうも歌う。

兵法はうかまぬ（浮かばぬ）石の舟なれど
すきの道にはすてもおかれず

剣術をしていて、思うようにならぬ石の舟のような者だが、深く気に入っているこの道は棄ててしまうことはできない。ここで石の舟と名乗るのは、憂き身の自覚からくる「浮き身」を諧謔的、逆説的に表現したとも思わせる。

兵法はふかきふち瀬のうす氷
渡る心のならひなりけり

薄氷の上を歩む……ここにも「浮き身」的な発想が色濃い。先に挙げた、半身不随になりながらも凍りつく廊下を無事に往復した、冬の厠のエピソードが伝えられるのは、このような歌が残されているからかもしれない。

「浮き身」を視覚的にも最も端的に示すのは仏像ではないだろうか。

釈迦や阿弥陀如来でも観音菩薩でも、静かに立ったり坐ったりしているが、ほとんど蓮の華の上に居る。

もし、その生《なま》な重さがそのまま直に下へかかってゆくなら、一筋の茎によって支えられるだけの蓮の華の上には立てない。といって、仏たちはふわふわと浮遊しているのでもない。たしかに存在すること、深く実在していること、それだからこそ軽々とし執われから自由である。

今、ここに、純粋に集中しきって居る。だからこそ、そこに執着して踏ん張ってしまわな

蓮の華の上に立つ仏像

いで存在できる。……という、仏教の解脱なり、サトリを蓮の華に立って示している。これこそが「浮き身」を示す絶好の例だと思える。それは人間のあるべき理想の象徴であった（写真）。

江戸の人々は「浮いてくれ！」と言った。けれど、一般にはこの現実の世ではなかなか武道の達人のように自在な「浮き身」ができない。仏像の蓮の華の上の「浮き身」はあまりに理想的で、少し距離がある。そこでいっそのことこの世を「浮き世」と見立ててみようとし、その様相を絵師に描かせて「浮世絵」としてみたのだろうか。

浮世絵は、私たちが現代「芸術」と思っているものになってしまわず、あくまで肉感あふれて人々の生活の肌に直に触れてくるビジュアルな世界だった。集団で世の中もろとも「浮き身」をかける！ という江戸人の心意気が伝わってこないだろうか。

そうなると、日本でテレビが盛んになってきた時、NHKの『ひょっこりひょうたん島』(一九六四―一九六九放映)という人形劇――井上ひさしもその作者の一人だった――が大人気を博したことも思い起こされる。登場人物が種々愉快な活劇やこっけいな劇を繰り広げるにしても、それは大洋にゆらゆら浮いては漂っているひょうたんみたいな島の上なのだ。まさに浮いている世、浮き世の伝統がそこにもあった、と思われないだろうか？

武術、演劇、舞い、俳句などで「浮き身」を見てきたら、音楽ではどうかと気になる。すぐに思いつくのはモーツァルトの多彩な曲である。しかし彼の音楽は宇宙的であっても凄絶さを含むことが多い。一方、身近な感じのするビートルズの曲、その演奏の多くにも「浮き身」を感じるが、どうだろうか。権威、権力にしがみつくしかない旧体制を自ずと浮き彫りにしてしまい、世界の若い世代を様々に動かす作用をしたのではないだろうか。

体重計で「浮き身」を試す

このあたりで、実際に「浮き身」のごく一端を感じとるための簡単なゲームをしてみよう（174・175頁）。ただし、ここで用いる体重計は旧式のバネ式が必要である（デジタルな体重計でもできるものもある）。（ここは飛ばして先に読み進めていただいてもよい）

もちろん、実際の「浮き身」は、その理も仕組みも、もっと複雑である。リラックスしようとする方向や速度や、からだの各部とのつながり方、関係の仕方などの条件が出てくる。けれど複雑だけれども、行なう時「意識を鋭く深く」してゆけば、できることでもある。つまり身心の統一状態の精度を上げて行なえばよいのである。慣れたら外面的にはほとんど全身を動かさずに同じことが可能になる。

「浮き身」を剣術や柔などの体術につなぐためには工夫し練習して、要領を得なければならないが、しっかりと鋭敏に集中することと、一気にリラックスすることが一度にできることが必要である。

私はそこを工夫してきた。自らが不器用なせいもあって、時にからだまで毀す程の試みをして、遂に多くの人向きの統一とリラックスの稽古方法を編み出したと思っている（『身体を実感する・〈3R〉』参照）。

「浮き身」の体得。それは「重さに則って重さを活かす」からだの使い方を知ることである。

ボディ・テスト・ゲーム

体重計で「浮き身」を試す(1)

❶体重計に乗る。針をチェックしておく。
❷両腕を水平より高めに、前方に伸ばして保つ(写真)。
❸両腕を一気に肩の付け根から脱力する。腕はその重さで落下する(腕を下ろすために意識を用いて力まないこと)。すると両腕が落下する途中に、体重計の針が元々の体重より一瞬軽い方を指すのが分かるだろう(写真)。
つまり、腕の重さの少なくとも何分の一かが、その間、空中に浮かんでいることになる。

部分的だが、「浮き身」の原理の一端を示すことになる。

❷

❸

ボディ・テスト・ゲーム

体重計で「浮き身」を試す(2)

❶体重計に乗る。針をチェックしておく（写真）。
❷足の裏はそっと体重計につけたまま、一気に、腰、首、膝、肩の関節を瞬間にゆるめて（脱力して）身を沈める（写真）。
浮き身のゲーム(1)よりもはるかに体重計の目盛りが減り、そして、次に針が❶で測定したよりも、瞬間に重い方に反動的に勢いよく揺れて指すだろう。

ここで起こったことが「浮き身」のある側面を分かりやすく示すのである。

近代のオリンピック競技のモットーは「より速く、より高く、より強く」である。実は、これらは人間がその活動を重力に対抗し逆らって為そうとしなければできない。このモットーはそのことを主張したかったわけではないだろうが、結果としてそうなる。ここには西欧の人間、身体、自然観の影響がある。

当初は、ある聖職者が善意で青少年のスポーツ教育のために考案した句だったというが、この句が世間に広まって、風潮としては、勝つことが何となく生存競争で覇者となるための条件とつながるようになってしまうのは容易ではなかっただろうか。

実は「浮き身」の要領は、重さ、重力という自然からの働きに対抗するのではない。むしろ、重さに則する、沿うのである。重さに則して重さを活かす。これこそが「浮き身」の要領の第一歩である。

芭蕉が発句のコツを「松のことは松に習え」と言ったのに似ている。

西欧でも、こういうことに気付き始めている。フランスの現代舞踊の先進的な指導者たちも、踊りは重力を友とすることで、跳び、動くのだ、という。これは私たち日本人、東洋人がずーっと前から気付き行なってきたはずである。

「浮き身」の要領のすべてをここで紹介はできないが、幾つかの体の「虚のポイント」ともいうべきところをよく実感し、そのポイントを活かして全身をつないでゆくのである。

力を入れたり集中したりするためだけでなく、まずリラックスするための「虚のポイント」を、左右で数十ヶ所見出してそれを活用している。

章末に「ポイント」のネットワーク図を載せる（181頁）が、ここでは、その中でも、最も大切で最もとらえやすい「夢枕」を紹介したい（179頁）。

前述のように、このような「虚のポイント（ツボ）」が幾つかあり、そこは、皆、互いにつながっている。そのほとんどが、そこを刺激されるとからだが浮く。つまり全身に気や力が集りにくくなるのである。

だから、無駄な緊張があると思ったら、これらの「虚のポイント」を意識してゆるめればよいのである。そうして「浮き身」も可能になる。

と、同時に、これらのポイントは気や力を集中して集めるためのツボにもなる。

いわば動きの中で虚実を上手に加減するのである。

もう一つ大切なことを加えておくと、こうしたボディ・テスト・ゲームなどで相手のポイントに働きかけるには、単にそこに客観的に相手のポイントがある、というだけでなく、自分自身のそこのポイントが意識されリラックスされていることが大切である。そうすると、相手のポイントが容易に感じられ、とらえられてゆくことになるのである。

自分が相手に微笑めば、相手も微笑みを自ずと返しやすいようなものなのである。俗にいう主客の合一の働きがここにある。合気道や柔術の技の際も同じ原理である。

生命というものは、互いに共振、共感する（だからこそ逆に、反感をもち合い、排斥し合うこともあるが……）。体術そして合気道などでは、自分の「浮き身」の状態をかかわってくる相手の身に伝えて相手をも「浮き身」状態にしてしまう。誘《いざな》うのである。このことを合気道の植芝翁は、『古事記』の神話にも出てくる「天《あめ》の浮橋《うきはし》」に立てと説いていた。浮橋は両端が岸に接着、固着してしまわないでいる。橋ではあるが固定していない。そのように立て、と説いたのである。これはある意味で「浮き身」のことも含んでいる（実際はもっと深く広い意義をもつ）。

「浮き身」について簡略に述べてきた。

それは人間の「直立」姿勢の裡にあるエッセンス、粋を追求し抜いて出てくる実践的態勢である。

ボディ・テスト・ゲーム

「夢枕」のポイント

A、Bペアで行なう。

❶ Aは正座あるいはあぐらになり、BはAの左側に位置する。

❷ BはAの左腕の肘あたりを右掌で触れてから押してみる。Aはしっかりと抵抗する(写真**a**)。

❸ Aの左腕の三角筋が途切れるあたり(写真**b**)を、Bは右手の指、一、二本で触れて押してみる(写真**c**)。Aは❷よりもずっとたやすく右側に崩れたり、転がったりしやすい(写真**d**)。

(このツボを応用して引き、相手を夢見心地にして押さえられる。180頁参照)

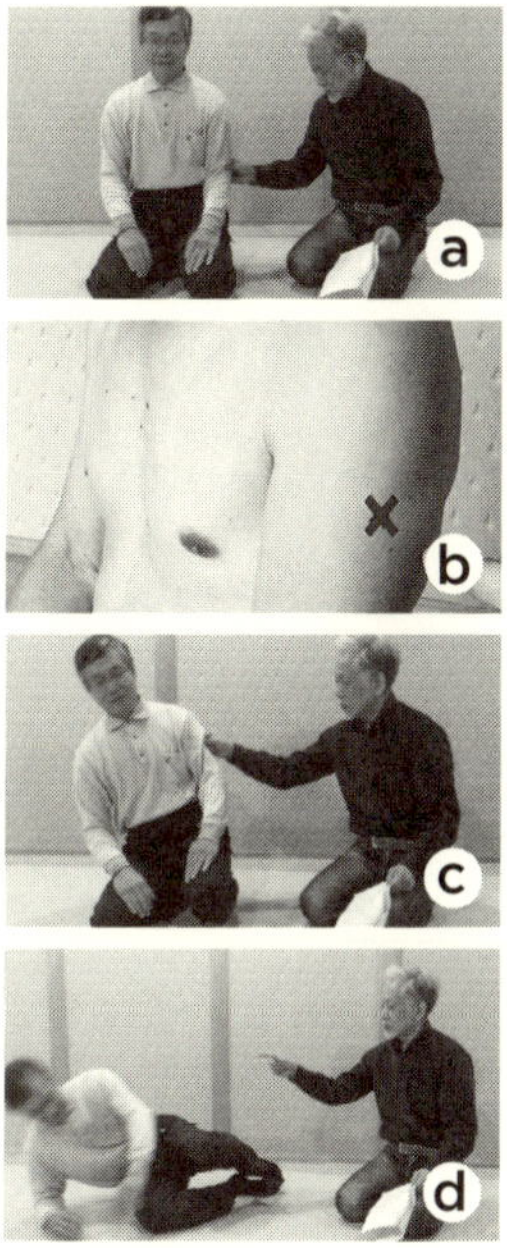

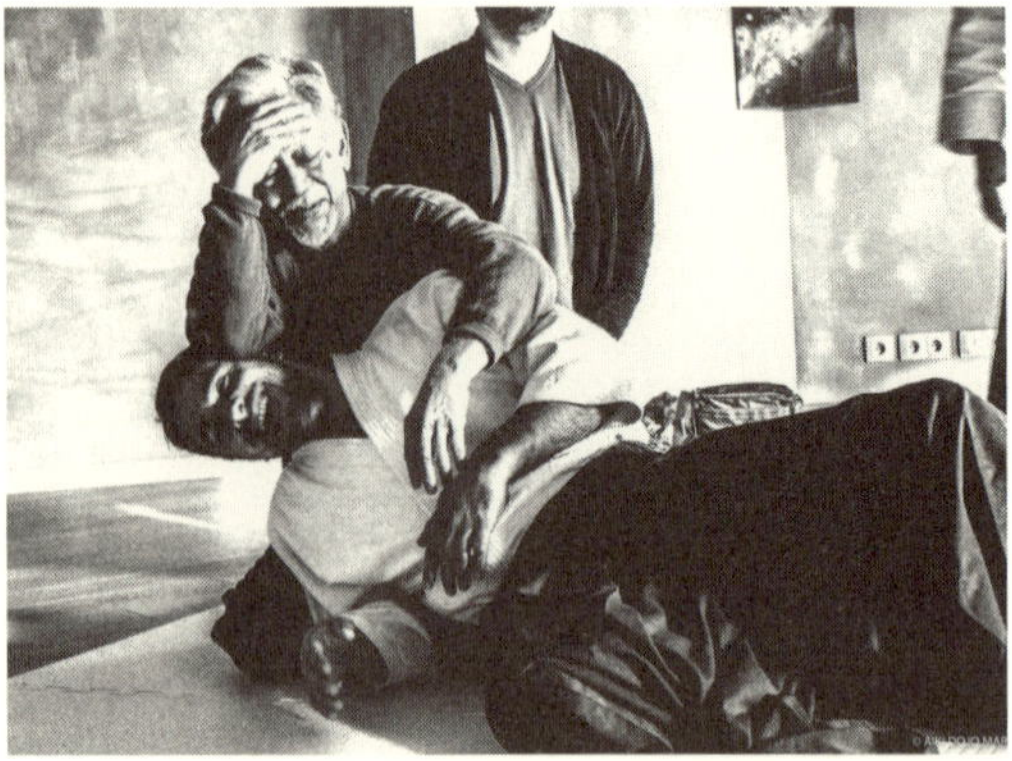

ふわりと力みなく「夢枕」のツボによって押さえられ、
あまりにも不思議な感じで思わず笑う、屈強のフランスの武道家

ここまできて、「重力」と直立とのかかわりでもう一つ触れなければならないことがある。それは、人間と飛翔ということである。人間が「翼をもつ」ということである。

遥か昔から、人間は、天へ憧れ、飛翔するものを畏れ、また憧れてきた。「浮き身」の中に含まれる「飛翔」とは……。

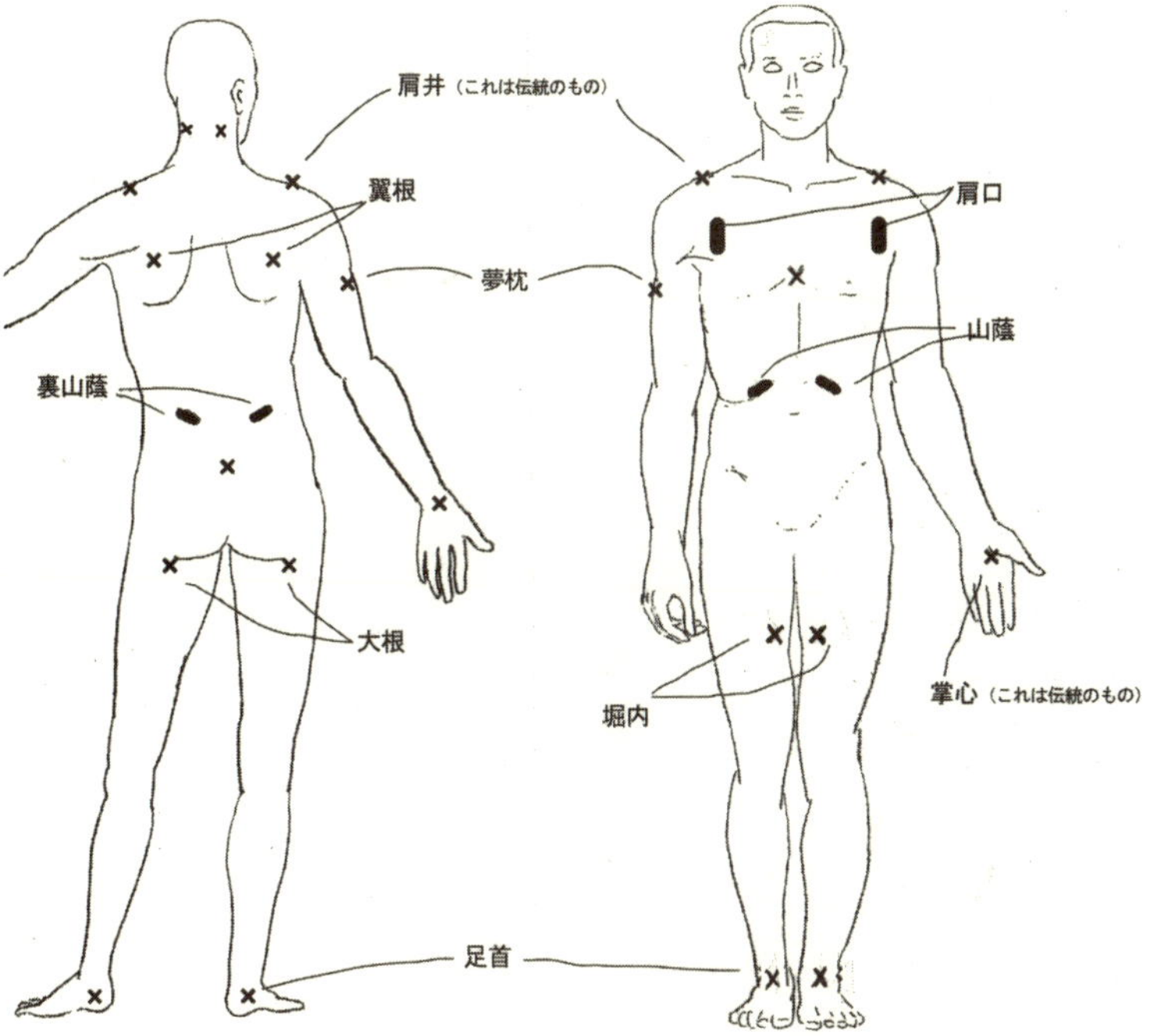

虚のツボの簡略図（© 坪井香譲）

ネットワークで体の内だけでなく、体の「外」とも結ばれる

八章　浮き世と浮き身——重力に則って重力を活かす

九章

飛翔と釣り合いと

ピアニストと治療家が飛翔する

柳生流では「浮き身」の要領を「腰が宙から一筋の縄で吊るされたような身」とした。宮本武蔵もやはり縄の例を用いて、類似のことを述べていた、と記憶している。

「吊り」の発想だと、外に支点があるので動作の力点の意識が、からだの内側の一ヶ所に置きようがなくなる。すると、自分へのとらわれが少なくなり、「無我」の動作になりやすくなる。ドイツのロマン派の劇作家クライスト（一七七七─一八一一）が、フェンシングの名手が、自らの剣の極意を上から糸で吊るされる操り人形に喩えた、と、記しているのが思い起こされる。

念を押す。「浮き身」は決して大地に足を踏ん張らないものの、大地から身を浮遊させるような構えではない。足下に不安をもってしがみつくように踏むのではないが、足を通して全身が大地と自ずとしっくりと親和している。大地と我が足──身との関係に「信」が自ずとあるからこそ、地と足の接触は鋭敏だが柔らかいフェザータッチ（羽根が触れること）で充分なのである。

翼を広げる折り紙の天狗

さて、浮くにしても吊るされるにしても、身が少なくとも半ばは宙にあることになる。そこでどこか飛翔や飛行にも近接してくるのである。

武術のエピソードでは山中で翼をもった天狗が出現し、上達を願う修行者に極意を授けたりする幻想的な伝説が多い（写真）。

大天狗や烏天狗——共にその背には翼が生えている。典型的な伝説の一つが、牛若丸（源義経）に鞍馬山の山中で剣術などを教えた鬼一法眼で、天狗に擬せられることも多い怪人である。成人した義経が、平家との壇ノ浦の海戦で見せた、離れた舟から舟へと次々と跳び移った「八艘跳び」。乗馬のまま、ほとんど垂直に近い崖を駆け下りて奇襲したとされる、一の谷の「鵯越《ひよどりごえ》の逆落《さかお》とし」などの『平家物語』の場面は、まさに、「浮き身」か飛行に近いものを思わされる。

奥三河の伝説だったと記憶する。

ある里の若者はとても踊りが好きだった。ある時、畑仕事をしていると、猪が出てきて背中に乗せ、物凄い山奥に連れて行かれた。そこには天狗たちがいて、踊りの手振り、足踏みを三日の間習った。再び里に帰ってみると、何と三年がたっていた。そして、若者の踊りは驚くべき上達を遂げていて、それが、二十一世紀の現代に天狗の舞いとして伝わり、祭りの日に踊り続けられているのである。

天狗やもののけじみた人間が実際にいたのか、それとも、本人が山奥に籠って、何か得るところがあって帰郷したのか。ともあれ尋常でないことが、翼をもつもの、飛翔するものとのかかわりで起こったとされたのである。

翼といい、飛翔、飛行といい、人間の想像力の極点、強烈な憧憬の挙句のようなところがある。

次のような例もある。

作家で禅僧でもある玄侑宗久氏が新聞の随筆の欄に、興味を惹く文を載せていた（二〇一二年五月五日東京新聞）。

玄侑氏は、福島県の禅寺の住職で、三・一一の後の「東日本大震災復興構想会議」の委員も務めながら、地元に住民と共に踏みとどまっている中に、左手の指を痛めた。勤行にも不自由するので、整体や鍼、外科などで治療を試みるが、だめで、そのうちある治療をきっかけに、左手が全く上がらなくなり、服も脱げず、二晩ほとんど眠れなかった。

そんな時、ある盲目の鍼の名人が県内にいると知って訪れた。名人は体を触診したあと、これまで誰も指摘しなかった問題点を語り、鍼を打ったのだった。

二日後に、盲目のピアニスト辻井伸行氏のコンサートを聴く機会があった。辻井氏は、二〇〇九年、アメリカでのヴァン・クライバーン国際ピアノコンクールで優勝して広く知られるようになった。

その辻井氏が自分にはこれしかできることがない、と心に決め、被災地応援ツアーを行なったその一環のイベントだった。

玄侑氏は、実に素晴らしかった、と述べる。

「……辻井さんは自らの出す音に耳を澄ませながら、モーツァルトやベートーベンにその

勝利の女神ニケ像　ルーブル美術館

体を貸しているとさえ思えた。（治療家の）S先生の指先もまた、音と触覚と鍼で私の体を調律していったのだろう。

目が見えないことで、彼らの日常はどれほどの不自由があることだろう。しかし二人の『名人』は、おそらく『これしかできない』と思いなしてその道を深めていったに違いない。いわば不自由ゆえに、ここまでの飛翔がありえたのだと思う。お察しのとおり、その翌日、私の腕の痛みはウソのように消えていたのである」（「不自由ゆえの飛翔」）。

玄侑氏は芥川賞を受賞した小説家でもあるが、私はこの人のエッセイも実に味わいがあると思っている。

けれど、私がこの文をやや長く引用したの

は、実は、おそらく玄侑氏も、それ程は意識してはいないだろう、最後に近いところの私が傍点を施した個所、このエッセイのタイトルにもなっている「飛翔」に注目してのことである。これは、一般には文学的な比喩としてとられる言葉である。しかも、この飛翔という比喩はそれ程にひねりのあるものでもないかもしれない。

技の自在、意のままに表現されるということでは、先に挙げた武術や奥三河の舞いと共通している。

フランス語では"Ça m'a donné des ailes."(サ マ ドネ デ ゼル)といい、翼が与えられたという意味で、なかなか難しそうなことがやすやすとうまくゆくことを言うのだそうである。うまくゆく——勝利——ルーブル美術館の勝利の女神、ギリシャ神話の「ニケ」の、大きな翼を広げた像が想い起こされる(188頁写真)。

神話にも古代から飛ぶものがあふれている。宗教の世界でも、飛翔する者、宙を自在に動く者たちの活躍は欠かせない。西欧の天使や堕落した天使である悪魔(サタン)は翼をもつ。そして悪魔の配下である魔女は箒に跨がって夜空を妖しく飛ぶのだ。

子供向けのファンタジーやアニメこそ「飛翔」と翼に満ちていることはいうまでもない。

仏教では、西欧の天使と対応する存在は、先にも触れたように、蓮の上に「浮き身」をして立つ菩薩たちだろう。また、仏教での位としては菩薩の下位になる天人も天衣や羽衣で飛ぶことになっている。

天使も菩薩も、窮極的な存在とされる神（キリスト教の）や如来ではない。彼らはそのような形や色を超越した窮極的な存在あるいは実在と、人間との間を去来する存在なのである。人間にとってはなかなか達するのが不可能な程の距離の橋渡し役である。

日本では天人や天女は必ずしも仏教そのものの枠にとどまらない存在としても受け取られているようだ。

たとえば、能楽では『羽衣』の物語。

三保の松原（今の静岡県清水市）に天女が飛来し、水浴するうちに、地元の漁師が松の木にかかった羽衣を手にした。

返してくれと頼む天女に、漁師は、もし天女の舞楽を見せたら返す、と言う。天女が、では舞おう、と申し出を受けようとすると、漁師は、いや、もしこの衣を返したらそのまま舞いなどせずに天へと飛び去ってしまうのではないですか、と疑う。

それに対する天女の次の一言。

天女の舞い　小野田宇花作

「いえ、そんな疑いは人の世のものです。天界には偽りというものがないのです」と。胸を衝かれる。

漁師は恥じ入って衣を返す。天女は、羽衣を天風に翻し靡《なび》かせながら麗しい舞いを存分に舞いつつ、天空へと消えていった……（図）。

能の創始者世阿弥（一三六三―一四四三？）の演劇論、演技論『花伝書』他の著作は、現代、身体論や思想書としても読んで味わいが尽きない。

白洲正子著『両性具有の美』（新潮社刊）によると、彼は別の著書『至花道』に、女、老人、法師、修羅（もののけのようになった怪人）、神、鬼などの役をどのような心得で演じるか、実践的な観点を入れ、図入りで書き残している。

けれどそこでは天人について一種別格のようにその書の後半で扱っている。「五体に心力を入満して、舞いを舞い、舞いに舞われ……花鳥の春風に飛随するが如く……」。**ただただ、そのまま素直に、気持ちを純に一杯にして舞う他ない。**

つまり、偽りのない世界に棲むものは、そのように真っ向うから、計らいもなく演じる他ない、というぎりぎりのところを語っている。純一であることと羽衣による飛翔が同一視されているかのようだ。

先にも述べたように、玄侑氏の聴いた辻井氏のその晩のコンサートもそのようなものであり、盲目の鍼灸師の治療家は、そのようなピュアな翼をもつ働きによって、身体上も絶妙に左右等の均衡を取り続けて技を発揮した。そのようにして、玄侑氏の身も翼をもつかのようになるべく、誘《いざな》ったのではないだろうか。

歌には「翼」があり、夢を乗せる

テレビに南米ペルーの日系移民一世の九十八歳の女性が出演したのを見た。

七十年以上、一度も帰国することもなく現地で艱難辛苦、第二次世界大戦中は日系人への迫害にも耐えるなどしながら、商いをして生き抜いてきた。

時に息も絶え絶えのような生活で、救いになったのは日本の歌を歌うことだったと告白していた。すべての曲名は分からないが、特別なものではない、「ふるさと」「春の小川」「隅田川」等……よく知られた唱歌や童謡だった。

なじみの言葉を呼吸に、声に乗せ、気持ちは遥か過去へ、遥か日本へ、郷土へと飛翔する……そうして歌う人は、からだとことばとこころが一つになって生気を取り戻す。

ハイネ（一七九七—一八五六）は『歌の翼に』という詩を書いた。その詞につけたメンデルスゾーン（一八〇九—一八四七）の曲は名高く、親しまれている。

ハイネのように歌に翼がある、といっても、その飛行の多くは、親しんでいる近隣の山や野を見晴らしたり、切実な望郷やロマンティックな想いを乗せる幻想的飛翔でも、それは実際のこの世界の、いわば「有視界飛行」である。

それが、次のような歌になると、この世界さえ透過し、窮極の実在へと飛翔してゆく。

無限の大虚空《おおぞら》に、つばさを拡げて

鳥、たのしく翔ぶ――智慧の瞑想
純粋意識の大空に　真我《アートマン》の鳥
あまがけるその歓喜果てなし

『不滅の言葉』（マヘンドラ・グプタ著　奈良毅、田中 嫺玉翻訳）

これは、本書（三、四章）にとり上げているラーマクリシュナが、いつものように集った人々に、感興のままに、少し嗄れていたが絶妙とされた美声を張り上げて歌った歌の一節である。アートマン――純粋個我が、ブラーマン（大我――普遍的宇宙意識）という空を飛翔する、という意味だ。

ここではヒンズー教やインド思想の自我説と仏教の無我論を比較検討しても意味はない。歌の翼に乗っていることが感じられるところが大切だと思われる。何が正しい、というより、どのような味わいがあるかだ。

「翼」や「飛翔」については、たとえここに挙げたような比喩の上であっても、三つの大切な側面がある。

一つは、「飛翔」も「翼」も、大気や風など、最も精妙で繊細で変化しやすい働きやエネルギーと接し交わる、ということだ。

だから「翼」も「飛翔」も、たとえ力強さを秘めていても、およそこの世界で最も精妙で繊細な感度をもたなければならない。

二つ目は、その鋭敏な感度をもって働く「翼」は通常は左右の対として働くので、「釣り合い」が極めて厳密に求められる。均衡、あるいはバランス。

常に移りゆき、変転するただ中で、自らも微妙に変化しつつ、同一性を保ってゆく。変化し続けるからこそ保たれるバランス、統一性。それは現実の科学技術による飛行物体に問われるのと、あまり変わらない事情である。

けれど、人間は機械ではない。結局は「死」に裏付けされる肉体生命を携えてこの世に棲み、ゆらぐこころをもつ。

そこで三つ目の側面――。

作家の尾崎一雄（一八九九―一九八三）のエッセイに、蜂のことが出てくる。

それは大型の熊ン蜂（マルハナバチの雌）のことである。その体の大きさや重さ、羽根のサイズ、機能を航空科学上の計算でとらえると、本来は飛べるはずがない、というのである。

ではなぜ、実際には飛んでいるのか？　何と、「蜂は自ら飛べないことを知らないからこそ」というのが答え！　無論、これは文学的な逆説であり、ユーモアである。

たしかに、多くの場合、玄侑氏のエッセイのピアニストや治療家のように「飛翔」するかのように技の極意を揮ったり、女神ニケのように勝利するのは容易ではない。

そこには、越え難く厚い壁が立ちはだかるのが通常。そこで人間はイメージし、夢を見、企て、頭を絞って計算する。工夫し、努力し、忍耐強く練習し、様々試みる。

けれど、どのようにしても、窮極は、どこかの時点で、あえて、自らの存在を半ば賭けるようにして一種の跳躍を行なわなければならないだろう。それは「賭ける」というよりむしろ、存在を「捧げる」というべきか。そんな「冒険」の一点をあえて経てこそ、新しい展望は開かれ、人に深く訴える創造的世界が実現しよう。

いささかであっても何らかの冒険を含んでの飛翔。だからこそ、一層精度の高い「釣り合い」が求められもする。

……ある時、二宮尊徳（金次郎）（一七八七―一八五六）が、神社で太神楽を見て述べた。

「舞うも踊るも両眼をきっと見詰め、心を鎮め、体を定めている。その様子。それは、聖典の『大学』『論語』の真理や聖人の秘訣が、この一曲の踊りの中に備わっているようだ。ところが、これを見る方は、まさか聖人の道とは想わず、かけ離れたものに過ぎぬとしてしまう。そしてこの太神楽を賎しむ。儒学の徒が、どうして国の役に立つものか。ああ、術(アート)というものは怖るべきものなのだ。綱渡りが綱の上にいて落ちないのもこれと同じだ……。」

以上、養老孟司氏がその著『日本人の身体観の歴史』(法蔵館刊)中に引用したのを、私が少し自己流に約して引用させてもらった。

二宮尊徳について思い出されることがある。数年前に私が成田不動尊の近くに行った時、看板のようなものがあって、尊徳について述べられていた。

彼は、小田原藩の領地の中で荒廃したある地方の復興を命じられた。ところが実行の途中で村人の反発に遭い、行方を晦《くら》ましてしまった。何とその間、成田不動尊に籠って二十一日間の断食と水行をやり遂げていた。願をどう懸けたのか、その甲斐というべきか、彼はその後帰国し、事を成し遂げた。

なぜ、成田の断食行のことを書いたかというと、尊徳がからだとこころのことを身の底から、こころの底から分かっていてこそ、あの神楽についての確信に満ちた述懐だったろう、と言いたいからである。

もう一つ、尊徳の「釣り合い」について触れなければならない。彼が「金次郎」と呼ばれていた少年時代、早く親を亡くした。そこで貧窮の身で、ごく狭い土地で一人で必死で作物を育て、見事に収穫を増やしていった体験をもつ。

その過程で彼は、気候、水、土地、植物や動物等々を命懸けで観察していたに違いない。その中で自然の営みにある「釣り合い」を人並みでなく把握していったのは想像に難くない。そのようにして磨かれた「釣り合い」のセンスが、神楽の名演を見た彼の感慨に出ている。また理屈をこねくり回している学者たちへの強烈な批判となったのだと思われる。まさにそれは「生きる学問」の滲み出たものだ。主として昭和初期から第二次大戦終戦頃まで、全国の小学校に設置されていたあの薪を背負う金次郎像は、とうてい二宮尊徳の本質を全面的にとらえるものではない。

さて、ここで想い起こされるのが、明治の頃の禅僧のエピソードである。自らも禅僧であり、直心影流という剣術の達者でもあった大森曹玄師が、その著書のどこかに紹介していた。ある時、僧は子供のする曲芸の玉乗りを見た。絶妙の均衡の技を自由に見せる。動中の静、静中の動！　感嘆して言った。あの子の心身の状態は禅の境地に匹敵する、と。けれど、と付け加える。「惜しい哉、彼は自らがその境にあることを自覚していない」。おそらく神楽の舞い手にも同様のことがいえるだろう。

神楽や曲芸を見た尊徳と禅僧は、自らも均衡に鋭敏な身体性をもっていただろう。そして、それに加え、そのような鋭敏な均衡についての意義をとらえる見識をもっていたということである。だからこその二人の言なのだ。直覚と相まった理性の働きというべきか。

二人のこの見識とそれを表すことばが、技の達人のパフォーマンスの意義を、自然や人間観にまでつなぎ、広め、深めている。私はここで、ニーチェの句「身体は一つの理性である」を想い起こす（註201頁参照）。

人のからだとこころも、自然と宇宙も「一つ」に貫くかのようなこの「釣り合い」。人体を通し見事な相を表し、深い感動を招く。

武術をはじめあらゆる人の営みも、からだとこころを貫く「釣り合い」を目指すのだ。平板で固定観念に縛られた見え見えの調和などでない、いわばキレキレの釣り合いだ。どんな変化も受容し、応じてゆく「深さ」と「活力」のある釣り合いの働きと一致してこそ飛翔は可能になる。そこにこそ、自由の風、とらわれのない「歌」が響き出す。

釣り合いと飛翔、必然と自由は表裏一体、転じてゆく。

技の名人や卓《すぐ》れた思想家たちのことばかり述べてきた。飛翔や「浮き身」は超越的な世界のことと思われかねない。そうではない。ごく通常の生活や行為のなかに、私たちの手元、足元に見出されることである。

知人のN氏は、学生時代、結構深刻な事情もあり様々な悩みで頭がいっぱい、胸が塞がり、晴れなかった。

苦しみ続けていたある日、所用で歩いていて、道の向こう側に渡ろうとした際、歩道に沿っている側溝に気付かず、足を踏み外した。

一瞬の落下。はっと身のバランスを取り戻して歩き出す。

すると、何とずっと何日も続いていた頭と胸の抑鬱感が消え、息も楽になっている。

これでN氏の悩みのすべてが解消してしまったわけではないが、しばらくは心境（身境）が晴れたのだった。

N氏は間違いなく空中に「浮き」、瞬きの間の飛翔をして無事着陸したのである。その間、己の生命が懸かっているため（からだをコンクリートの角にでも打ちつけたら生死にかかわる）、全存在を懸けての「釣り合い」が計られたからこその飛翔である。計ったのは自分というより、いわば「無我」の働きである。

この瞬間、どんな人間でもその意識はピュアになってしまっているのではないか。「光」もそこに射していないだろうか。

註※

●ニーチェと植芝盛平

『ツァラトゥストラはかく語りき』に出てくる句である。ニーチェ（一八四四―一九〇〇）は、ソクラテス、プラトン以前の古代ギリシャ――イオニア哲学、思想を深く研究した。そして、その時代は、肉体は理性や精神の下位に置かれた西欧でのキリスト教以降の傾向とは全く異なってとらえられていたことを明らかにした。肉体下位の傾向はプラトンの有名な「イデア」論も影響したとも考えられている。

ニーチェはそれを著述を通して打破し、「身体は一つの理性である」を発した。これはもう一つの彼の句「神は死んだ」同様、西欧の思想に浴びせた劇薬の象徴のようなものだった。

彼自身は後年精神病院で暮らして没することになった。病因は様々にいわれるが、極度に世界に挑戦することとなった言説が自身の心身のバランスを崩させてしまったこともあったのではと想像される。

私は、二十歳で合気道の植芝盛平翁が「私は全身の血液で考えてきた」と述べているのに出会い、これをニーチェの句と通じるのではないかと連想した。これは哲学の素人の自己流直感かもしれぬが、私にとっては、二つの異なった場所と時に生き、一見は全く異なるジャンルに生きて大きな影響を与えた二人の言はどこか呼応するように思えてしまったのである。

ニーチェの身体、自然観はその後の西欧の思想界に大きな影響を与え続けてきている（たとえば、哲学のハイデッガーや心理学のフロイト、ユング等も）。ヨガや禅や武道など、心身一如の発想に基づく豊かな歴史をもち続けるアジアや日本にさえ、それは何らかの影をもたらしていないとはいえない。なぜなら、日本もアジアも、圧倒的な西欧文化、文明の潮流を少なくとも一定以上は受け容れてきて、私たちもそのただ中に生きる現代社会があるからだ。そこに何千年も続いた西欧の思想やキリスト教の影、そしてそれに反発したニーチェ以降の潮流も混入して、陰に陽に影響しているはずだからである。

だから、尊徳や禅僧と、ニーチェを重ねてみたくなるのである。

何も西欧思想に圧倒的な引力を感じているからではない。私自身がこの三十年余、年に一度は渡欧し、フランスやドイツを中心に、私が考案した身体技法(仮に「気流法」と名付けた)のワークショップをしていて、そう感じられるのである。

参加者の多くは、医療、教育、音楽、演劇、舞踊(モダン)、そしてヨガや武道、健康術の専門家である。彼らは「からだ」のことを学びたがっているというより、「からだ」を感じ直してみたい、と思っているようである。つまり「からだ」を通しての「いのち」を生きてみたい。その方法や場や機会を得たい……という感じがするのである。もしかすると、洋の東西を問わず、現代社会に欠けている「自然観」を取り戻したいと無意識に感じているのか。

彼らの多くは私たちが講習会で行なう動きや、そこに醸し出される何かに、ドイツやフランスにはあまりない自由で生気に満ちた何かを感じているのかもしれない。それが、ニーチェが打破しようとした西欧に長く続いた自然観――身体観の影響かどうかは必ずしも分からないが。その意味で例えば二十世紀後半の精神分析のジャック・ラカンも注目してよい。

●ジャック・ラカン、山里の剣術師匠に会う

ヨーロッパ現代思想を語ろうとして、欠かせない一人が、ジャック・ラカン(一九〇一―一九八一)である。この人が、私が一章で述べた京都の山里の庵に住む剣術の師匠、住吉明治(通称アケジさん 一九三八―二〇一八)と関係があったのである。

知る人ぞ知る、フロイトに淵源をもつ精神分析の系統に属するフランス人である。彼の理論は難解そのものともされている。それは精神分析という分野を超えて現代の思想そのものに無視できない大きな影響を与えてきた。

そんなラカンは何回か訪日しているが、時には、彼に強い関心を寄せる日本の学者やジャーナリストには目もくれず、京都の山奥のアケジさんの庵を訪れることもあった。といってラカンが武術の教えを受けたわけではない。

アケジさんは、家伝の武術や山嶽行の他、絵を描く仕事もしていた。山の植物や鉱物について怖るべき量の知識をもっていて、それで絵具を作り、時には画紙さえ自ら紙を漉いて作り、作品を成していた。

主題は、武術の奥義や極意のようなものを扱うことも多かった。一つの作品に数年以上かかって絵具を重ねたり乾かしたりして、最後の過程で筆を揮う際は、武術の呼吸を用いることもあった。

その山嶽の行も極めて厳しいもので、印象では、天台宗比叡山の千日回峰行の最後の方の一日八十キロメートル歩く行を、十年以上も続け、その上、様々な変化に富んでいる。仏教的なところはなく、むしろ古神道的と思われる。

ともかく、そういう行を経たアケジさんによって描かれた鮮烈で玄妙な作品をラカンは好んだ。

（隠密裡の旅行なのでラカンが、アケジさんの山里の庵を訪れたという証人は私は知らない。私も出会えていない。京都のアンスティテュ・フランセ関西に属する職員か、その組織とつながっているだろうフランスの文化施設「ヴィラ九条山」の関係者が記録しているのでは、と思われる）

ところで、ラカンが数あるアケジの作品から選んだのは、それぞれ次元を異にする数本の異なった線が、次元を違えるが、合わさると反って働きが出てくるような構図であった。これは面白い。ラカン理論にはそのような「位相幾何学」的な説明をなされるものがあるからである（207頁写真）。

と、同時に、それと似る発想は、武術の型に含まれてもいるのである。

こうした例だけではないが、身体性や術（アート）の裡に、宇宙、自然の裡に棲む人間の営みの多様な極意の可能性が秘められているのである。

巻末にその一部を紹介した「あまつかぜ」の中にもそういう構図がある。それは「自然」の構図と照応している「人間」の構図である。

東洋、日本人は、身体文化の中に宇宙的なヴィジョンにつながる精神性を含んできた。そして、欧米人は、圧倒的なキリスト教の影響もあってそのことを素直に認めることが難しい時代がこの何百年か続いたのかもしれない。しかし、彼らも、そのような構図を意識的に求めている。だからこそ「あまつかぜ」に限らず、元々はアジア諸国等に発する様々の身体技法に真剣に取り組むのだと思われる。

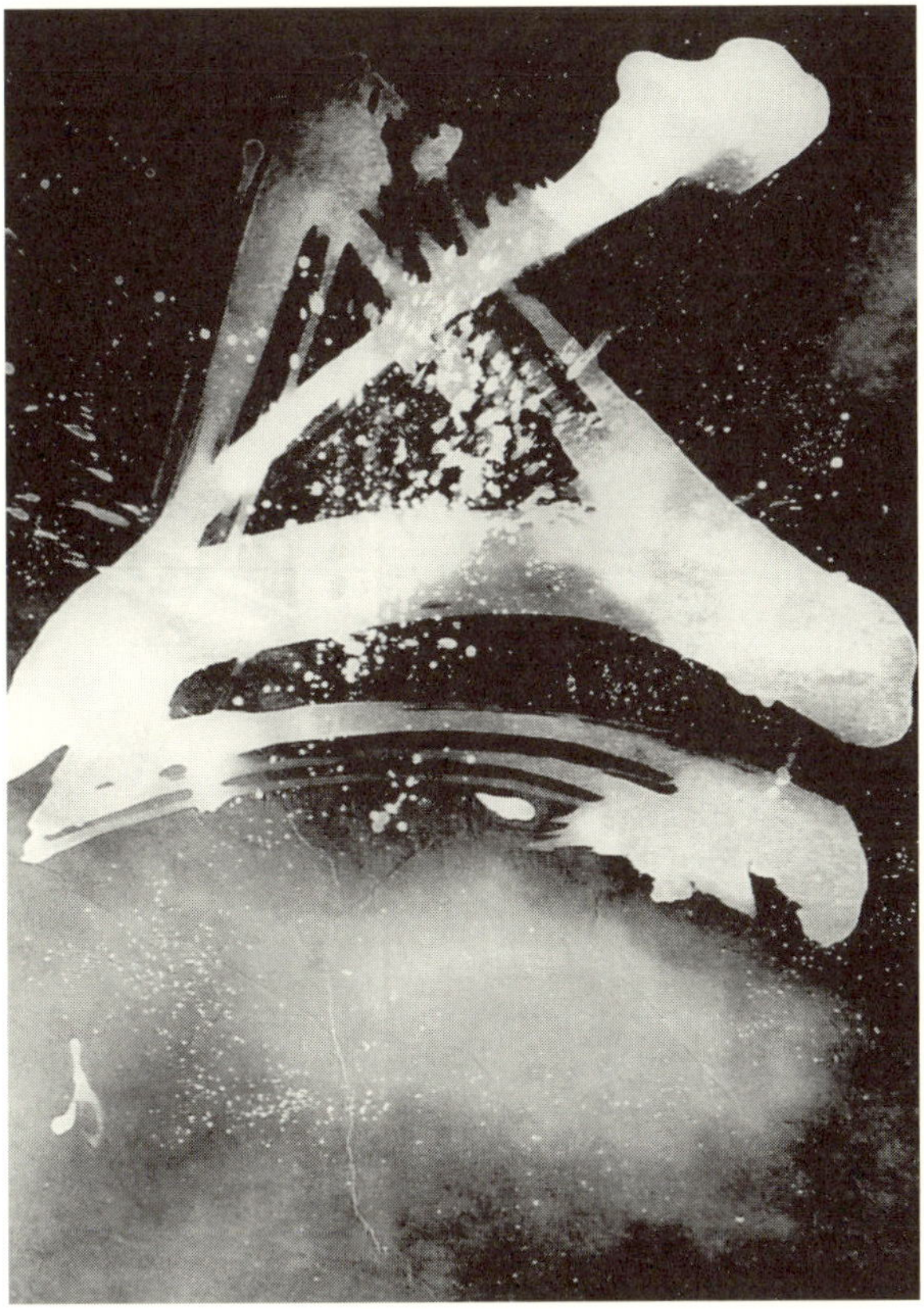

アケジ作『長鶴（オサツル）』
ラカンはこれと同タイトルの作品を購入していた

九章　飛翔と釣り合いと

十章

「光」を　からだ　ことば　こころ　で解く

既に成っている世界

ここまで文を連ねてきて、今、はじめて、そうだったのか、と気付いたことがある。一章の冒頭に述べた、私の高校時代の「光」の体験のことである。まるで急襲されたかのような体験は、こういうことだったのか、と次のように考える。この場合の「光」とは、どんな意味合いをもつのだろうか。

私の場合は一種の「原体験」となり、その後の私の生き方に影響はした。後に私が身体技法や瞑想や武道を探求するその原動力にはなった。けれど、その歩みはたどたどしくもあり、決して円滑でない。どうして、自分は、通常の同世代の価値観で済まずに、変わった過程を通るのか？　……と思うこともあった。

私の例よりももっと透徹した鮮明な光の体験は、東西古今、瞑想や様々の行などに懸命に取り組んだ人々には多く見られる（註218頁参照）。アメリカの哲学者ウィリアム・ジェームズ（一八四二―一九一〇）は『宗教的経験の諸相』という著作で、こうした事例を研究し、その意味をとらえようとした。コリン・ウィルソン（一九三一―二〇一三）という英国の作家も、夥しい例を集めて評を加えている。私は、この二人の本も愛読していた。

もう一方で、次のようなことがある。

ミケランジェロ（一四七五―一五六四）は、石切場から切り出したばかりの大理石の塊の中に既に出来上がった彫刻の像をはっきりと見た。彼は、自分はそれを取り出すだけ、と語った。イヌイット（エスキモー）のある部族ではトーテムを建てる。木材に様々なものを彫り込むが、刻む前に、木の中に像が既に見えるという。

「既に成っている」――。

剣術の世界では、相対して斬り合う前に、一方が「既に勝った」という心になり、その上で撃つ、という機微が伝えられている。これを「勝って撃つ」という句で表す。

これに通じる句「勝に不思議の勝あり。負に不思議の負なし」ともいう。

「不思議」とは何か、おそらく仏教に発する語で、思慮も及ばず、言語で表現し難い、ということである。

相手に応じて技を揮う際、そこに何がしかの理《ことわり》や法則のようなものが働いていることは確かである。しかし、その働きそれ自体は依然として「不思議」である、という感慨である。

『五輪書』の宮本武蔵は、剣術についてそれまでの神秘主義的な解明ではなく、合理的な説明をした、と評価されることがある。彼は「道理なくしては勝つことあたわず」「戦いの理において、何をかかくし、何をかあらわさん」等と、たしかに理を説いている。そして、もっともらしい権威付け、神秘らしさを削ぎ落としてもいる。その彼だからこそ「理」の働きの果て知れぬ程の深さをとらえていなかった筈はなく、そこに「不思議」を見た他の剣客たちと、その点では遠くないのではないか。

さて、「既に成っている」こと。

私は、一時間ばかりかかる稽古場に行くことがある。途中のバスの中で、ふと、これまで出来なかった技が、今日は出来ると想う。すると大体は実現する。

それよりも明晰な感じのする例。私が以前、合気道をしている時、道場で偶々植芝翁の傍にいた際、翁は私に、「稽古の時に誰かが投げ技をすると、投げる前に、投げられた方の姿形が畳の上にはっきり見えるよ」と、ふと、言われたことも想い起こす。

スポーツにも、こうした例は多い。

長野の冬季オリンピックで、五百メートルでスピードスケートで優勝をした清水宏保氏が、調子がよい時、コースの氷の面上に、スケート靴を置いて滑るべき軌道が金色の光の線となって見える、と語っていたことがある。

ゴルフの選手が語る。グリーン上で、打とうとする自分の手元のボールとホールの間に、ボールが転がるべき軌道が、鮮やかな線として見える、と。

プロ野球の投手も、投げるべきカーブの軌道が、やはり「光」って予め見える。実際に投げるとその通りに球が走り、打者は手が出せない。

限界を超える衝撃波「光」

時空間の裡で不思議な超越的な力を揮うことが眼目ではない。むしろ、私たちが生きる時空間そのものの「不思議」の一端がここに覗かれる。

ここに挙げた例は、人が、何らかの意図で対象（人、物）に技を揮って、結果を出し、表現をする過程である。対象と、技を揮おうとする人との間には、時間と空間がある、といってよい。

けれど、ほとんどすべて、対象との間の隙間が、距離として客観的には確かにあるにしてもまるで「無」くなったような事態である。時間も「超」えられたかのようである。あたかも通常の時空の閾値が超えられたかのような際に「光」が現れることがあるのではないか。

たとえば、ジェット機が音速の壁を超える際に、すごい衝撃波のような響きが生じるのに似ている。「光」の意義とはそれ以上でもないが、それ以下でもないと思われる。

私自身の「光の体験」の場合も――。

『ジャン・クリストフ』は、主人公の誕生の場所の傍を流れる大河の水音と共に物語は始まる。西欧世界の十九世紀末から二十世紀初頭という設定ではあるが、少、壮、老年と波乱万丈、愛と戦いと芸術の人生を過ごし、遂に最期を迎えるクリストフは生誕の時の大河を想わせる波を幻で見る。そのダイナミックな波には音と光の波が融合して共に響く、交響曲のように。やがて鐘の群れが一斉に鳴り出し、特別な太陽が空へ昇る……。

読む私の意識は、こうした「ことば」（フランス語から日本語に翻訳されたことば）に乗せられ、急速に運ばれる。ことばに乗せられる、とはどういうことか。少年の私の裡にも埋まり、渦巻いていたことばが揺るがされ、解き放たれ、反転させられたり、増幅したりした、ということではないか。だからこそ、私にとっては新しいヴィジョンが開かれたのだろう。もちろん、私の「こころ」が運ばれたと言ってもよい。想像力の翼による飛翔が、あたかも光速さえ超えたために、「別次元」の視野を得たように想われたのだろうか。

次の年、私はもう一度「光」に触れたいと再度、この長い小説を読み通してみた。けれど、全くといってよい程に、あのような特別な感動は起ってこなかったのである。

しかし、こうした『ジャン・クリストフ』によるエキサイティングな程の感動は、無論、私だけに特別に生じたことではない。特に若い人にとっては心動かされる物語である。ごく最近も、私より二十歳くらい年下の女性が、学生時代に読んで、特に最終の場面では、忘れがたい程心動かされた、と語ってくれた。

「からだ」「ことば」「こころ」による武術

既に述べたように、人間は「からだ」「ことば」「こころ」の三つによって生き、文化、文明を成す。これはたとえば「身体」「言語」「想像力」と言い換えてもよい。無論、空海の人間存在、あるいは信仰や瞑想の極意の「三密」の「身」・「口」・「意」も極めて相似している。

私は少年時代、「ことば」の力によって、「こころ」が運ばれてやや急激な体験をしたことになる。今思うと、だからこそ、その時はそこにあまりなかった「からだ」の世界（身の置き所、そしてこの世を生きてゆくための現実的な術《すべ》のもとになりそうな身体技法等）を追求せざるを得なかったのかもしれない。

けれど、無論、この三つのどれ一つとして他の二つから切り離されては、人の活動は充分にはあり得ないはずである。三つの中の「一つ」は必ずしも他の「二つ」と常に調和して働くわけでもない。だからこそ個人としても社会としても難題が生じる。この三つの対応、相克、調和をどうとらえるかこそが私たちの課題になる。

特に、私たちの世界に今、欠けているのは、「からだ」かもしれない。生命、存在の器であり「自然」から賦与された「からだ」のとらえ方があまりに貧弱である。だから、「ことば」と「こころ」の問題が生じる。医学や健康の本や情報は呆れるほど夥しいが、そこに「ことば」や「こころ」つまり、思想や哲学、想像力と豊かに結びつくものが乏しい。あまりに人間中心主義的で、「自然」の中の人間という観点が欠けている。

そこで、私たちの先祖が取り組んできた武術の意味も見えてくる。

単に武道がお決まりの精神を説くとしたらあまり魅力を感じない。

専ら武術に取り組んだ武士の多くは、江戸時代以降は、そのほとんどが大名に仕えた。つまり主持ちである。つまり武術の技や力は、主君とか藩のために捧げるべく向けられた。その道徳もそのような枠がある。だからこそ意味を見出すこともでき、それが時代の枠さえ超えて私たちの心を打つこともあるが……。

もちろん、強い弱いに価値を置いてそれを追求する武術もある。一つの行き方ではあるにしても、それが真に自分が強いとはどういうことか、弱さをどう受け取るかなどの、実践を含めた思想が鍛えられていないと、あまり魅力はないだろう。

私たちは、江戸時代と異なって、いわゆる「主人」に仕えているわけではない。この世、この社会、この世界、宇宙、自然のなかで、自分あるいは自分の行為や力がどう発揮されるかが問われ続ける。「主人」の代わりに何があるか、あるいは「主」はどこにどのように求めるか。その問いに答えをもたらすのは、たとえば色々な職業になり得る技術もそうだろう。

武術は、最も端的に、また単純に、何処に己の生命力、こころ、集中を向けるべきかを問うてゆく学びでもある。どうしても対立してしまいがちなこの世界で、どのように、人同士、己を活かしつつ、他を活かせるかの心得を、身のたしなみとしようとする。

特に本書で私が述べてきたような道筋を目指す武術は、そこに「からだ」「ことば」「こころ」の真に活き活きとした結びをとらえることができるようなものなのである。

つまり、あらゆる意味で、人間性を——自分を、根源から振り返り、とらえ直して、拓いてゆくものである。

フランスの作家（アジアの思想にも造詣が深かったが）の作品に深く感動してしまった私

は、今、武術についてそのようなヴィジョンをもっている。
そういう武術は「自由さ《やわらか》」と「確かさ」を実現するだろう。

註※

「光」の体験は、禅の世界などでは、「魔境」と呼ばれ、退けられる。迷蒙の元になるというのである。なぜならそういう体験は人を有頂天にさせたり、恍惚とさせ、時に自我を飾りたてるように誇ったりして危ういことになるからでもある。そういう面は気をつけるべきである。

けれど、「光」の体験を無下にしてしまうより、冷静に吟味し、一つの過程として受け取り、そこにとらわれずに進めば、結果として何らかの意義をもつかもしれない。

いずれにせよ、瞑想でも武術の稽古でも、ここで満足、としてしまうことは停滞であり、気付かぬうちにつまらぬ所に入り込んでいることになるだろう。

別章

「あまつかぜ」

――身体の叡智へ――

本書はいわゆる実技の本ではない。けれど、それを踏まえた上で、一つだけ、私たちが中心的に行なっている、呼吸と動作が一体になった実技「あまつかぜ」を紹介したい。

本書のテーマとして扱っている武術はもちろん、健康養生法、スポーツ、芸術、瞑想法の基本となり応用できる。そうした特別な術技や方法に限らず、日常生活の色々の場面での身体所作や、必要な集中とリラックスの原則をたしなみとして身につける方法にもなる。私は、これはあらゆる「型」の原点になるのではないかと思っている。

基本の手順は以下の通りである。

❹

真上から右側へ。

❺

両手を写真のように構えて、
息を軽く止めつつ、
左を見る。

❻

口から息を吐きつつ左空間へ。
次に❶～❻のプロセスを左右逆にして続ける。

楽に大らかな気持ちで。
少し味わいが出てきたら、
「からだ中で自問自答」するつもりで
より綿密に行なう。

「あまつかぜ」の手順・基本

❶	❷	❸
両足を肩幅の1.5倍程度開いて立ち、右へ両手を扇の形に伸ばす。気持ちを 遠くへ。	鼻から息を深く吸い込みつつ、右の空間を引き入れるように左踵《かかと》を地へ下ろして左側へ。	息を吸い続けつつ、さらに回して。

《注意点》

a　左右に向いて手を伸ばす際は、天（あま）―― 大和古語の「無限」へ伸ばす気持ち、あるいはせめて遠方へ気持ちを馳せることが肝要。

b　常に円転か螺旋の動きを伴う。

c　呼吸のリズムに乗る。

d　螺旋で動く際、体の内側と外側の空間をつなぐ想像力。

螺旋——

「あまつかぜ」は、呼吸と螺旋状の動作が融合している。これは、ヨガや合気道、太極拳等々とどこか共通している。人間の身心、あるいは人間性を深く掘り下げてゆくと、当然共通の基盤のようなところに行き当たる。螺旋状の運動も、ここにあげたヨガなど伝統的なものに共通している。もちろんそこには外向的な傾向と内向的な傾向の差など、色々あるにしてもである。いずれにしても、人は螺旋を通して、窮極的な「何か」へ至ることを願ってきた。その窮極の「何か」を「ブラーマン・アートマン」としたり、「太極」としたり、「合気」としたのである。「あまつかぜ」は、入りやすい簡単な形式で、外向的な螺旋と内向的な螺旋を融合し結んで展じて、そこに至ろうとする。

螺旋動作と一致して行なう呼吸だから、全身が参加する。最も深い息による素晴らしい健康法にもなるが、様々な技として展開もするのである。

螺旋状の舞いのように

呼吸――

呼吸こそは生命体の最も深く強い生の衝動といえるだろう。空間に拡がる空気を内に取り入れ、外へ放つ。その繰り返しがリズムとなり、人間の心身によるあらゆる行為、活動を裏付ける。だからこそ呼吸の統御によって自己の存在を確かなものにし、また行為を鋭敏で力強くもできるとされてきた。

呼吸は息（イキ）であり生（イキ）。サンスクリットでは我（アートマン）は、呼吸と語源を通じる。ギリシャ語では息（プシュケー）がいのちや心、魂の意味になった。

「あまつかぜ」の螺旋の動きと共になされる深息は、こうした呼吸の根本的な意義に基づいて、それを確かな充実したものにできる。

武術への活用はその展開の一つである（なお、呼吸に関しては拙著『気の身体術』〈工作舎刊〉参照）。

大自然の息吹と共に

武術——出会い——に「あまつかぜ」を活かす

人と人との出会いは愉快に「和」を基本にすればよい。けれど、対立か対決となり衝突し、紛争になってしまうことがある。時に傷つけ合い、互いの生命さえ危うくする。このような葛藤や膠着状態に陥るのを防ぐ。陥ってしまったら解いて、その「場」をできるだけ発展的なものに、親和的で、創造的なものに転換する。それが、私たちが望む武術である（武術については様々な考え方があるだろうが）。

そこに「あまつかぜ」が活きる。

中国武術や伝統的な日本の武術のベテランや指導者クラスの人々も深く関心を持ってくれている。

最近、ある師範が、私が「あまつかぜ」を活かした技の一部を示したところ、その夜眠れないくらい心動かされた。そして、早速道場での技の指導に「あまつかぜ」を応用し始め、遂には、その道場での「あまつかぜ」の講習を依頼してきた。

レット　イット　ビー！（極意の構図の一例）

「あまつかぜ」をどのように武術や「出会い」に活かすか？

言葉での説明には限界があるが一つの例として試みたい。

相手――「敵」として向かってくる者を、一瞬の間もなく、「あまつかぜ」の動きと共に心で描いた円相で囲む（二章）。円相を心で描くその過程が、実際には螺旋状の運動（精神の運動あるいは身体の運動）になることが多い。

当然、常日頃習慣付けて「円相を描く」を身につけておくことで、はじめて「一瞬の間もなく」が可能になる。それが稽古修練というものである。心得あるいはたしなみである。ともかく、円で相手をとらえると、相手が当方と対決、対立してしまう存在から、当方の「身」の一部のようなものに転換する（と、感じられる）。同時に円相を描くことで、自らの身心にも、余分な緊張がとれやすく、釣り合いをとりやすくなる。すると、よりよく相手の状況も見え、動作でき、必要に応じて対処できることになる。

言い換えれば、円相を描く――現実には螺旋状に展開する――ことで、いわゆる「無心」になりやすい。相手との間でやりとりされる力や技が、相手をやっつけて抑圧する対抗力でなく、「親和力」と化して、こわばった対立の葛藤が解かれる。

円相を描くことで、相手を非常に積極的に深く受容する——相手を責めるでなく、恐れるでなく、油断するでもなく……これはあの let it be——**あるがままに、そのままに**——である。あるいは let it go ——なすがままに——一種の無抵抗である。もっと言うと、自他も、すべてのものも含めて「**存在は素晴らしい！**」と大肯定することである。そこに、自己の「意」も一致して、技になる。これでも充分な説明とは言い難いが、写真で幾つかの例を示す。

「あまつかぜ」を活用する武術の例

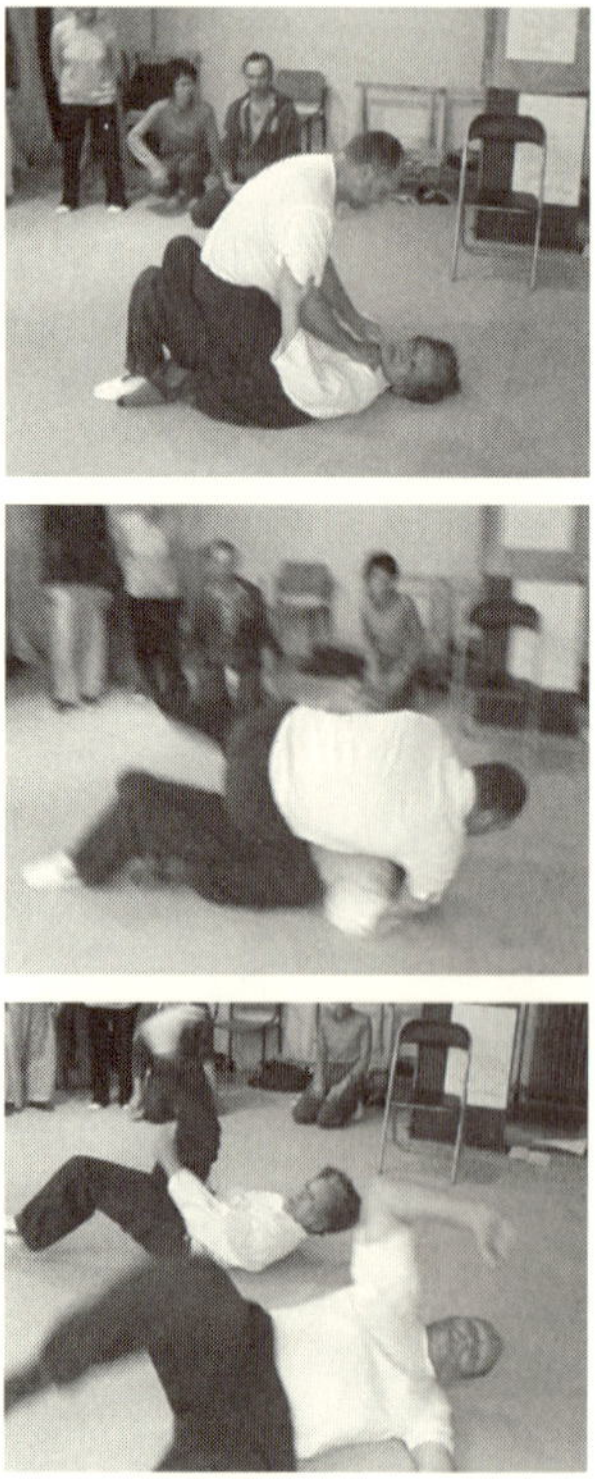

馬乗りの大男に両襟を絞められて
寝ながらの技

このような「あまつかぜ」による武術はいわゆる武術の域を超えている面もあるといえよう。そこで多くの人は、自由な立場で「あまつかぜ」を行なっている（230頁）。

二人に手を掴まれて
一瞬螺旋状に引き上げて投げ

「あまつかぜ」の様々な展開――武術の域に執われず

螺旋状の動作と呼吸の融合した「あまつかぜ」は、健康養生、スポーツ、芸術、瞑想法の基本、生活の色々の場面での身体所作や、集中とリラックスの原則をたしなみとして身につける方法にもなる。

柔軟法に活かす

坐って舞うように

楽しく遊んで

息に乗って転がって

両足で呼吸！

外へ、外から大きく深呼吸

手足のびのび

玉に渦を巻かせて

あとがき

出会った人々――「あとがき」に替えて

私が合気道本部道場に入門届けをした一九六〇年、いわゆる安保問題で世間が騒然としていた六月のその日、丁度植芝翁が演武をしていた。数人の逞しい内弟子をまるで光射す舞いのような技で投げたのも鮮やかだったが、忘れられないのはその後だった。翁がにっこりと微笑み、白髭を手でしごきながら「わしは一年生よ」と言ったのである。既に半ば伝説的なこの道のまごうことない第一人者でありながら、新鮮な学びを活き活きと続けている、と理屈抜きで二十歳の私に伝わったのだった。

一章に述べたように、私には、自身が探求しなければならないと半ば取りつかれたように思っていたテーマがあった。一口に言うと「人間という原点」。様々なジャンル分けされない、その「前」の人間……その活動とイノチ。そこで、やがて私は具体的な型や組織や名称は合気道からほとんど完全に離れた。けれど、この日の翁の「一年生」の場面は私の裡にあって、いつも、どこかでドライブしてくれていた（なお、合気道の時代、二年間所属した大学の会の方の師範は多田宏先生（一九二九―）で、今も第一線で活躍されている。直後に故山口清吾師範（一、二章）に何年間か個人的に随《つ》くことになった。恩師である）。

時を前後して、多くの「文」と「武」の世界での秀でた人々に出会って、大いなる刺激を受けてきた。

本書に触れてきたように「身体の叡智」に少しずつ気付き、今、ようやく別章にその概略を紹介する結実「あまつかぜ」に至った。だいたい、私の三十代半ばまでに、以下に紹介する方々との出会いがあったればこそと思う。

弓削和雄氏（一九二九—二〇一八）。元々は高校の同級生の家庭教師として出会った。この人は、昭和三十年代初め、まだ日本では殆ど知られていなかったヨガの行や、ユング心理学のことを紹介してくれた。大戦中は少年飛行兵で、空手の武勇伝もあったが、瀟々流挿花《しょうじょうりゅうなげいれ》という、江戸末期の旗本が創始した華道の後継者でもあった。私は、浪人時代から一、二年間は御宅に入り浸って話し込んだ。

評論家小林秀雄氏（一九〇二—一九八三）。高校時代から、この人の書いたものに魅入られ、遂に、会って下さいと手紙を出したところ「私は反故ですから、私の書いたものを読んで下さい」との葉書が返ってきた（文面通り）。その後五、六年して、アポなしで、鎌倉の御宅を訪ねたら、武道家ならぬ舞踏家と奥様が誤解されたのか、応接間に通され、四十分くらい貴重な話を聞くことができた。氏の著作は、その生き方の苦闘の痕跡でもあり、終始、モーツァルトから本居宣長についてまで、身体と想像力と言語において私に沢山の刺激をくれ続けている。

ナラヤン・内垣師（一九二四―二〇一二）はラーマクリシュナの影響を強く受けた瞑想家であり、詩人だった。小野田宇花さん（一九二九―）は彫刻家でイタリアの巨匠ファッチーニに入門、後には西村公朝氏に仏像彫刻を学び多くの作品がある。植芝翁のお弟子さんでもあった（本書191頁の絵と一章と四章の植芝翁の写真は小野田さんによる）。青木宏之師（三章）は武術を深く極めつつ、さらに広い視野で「新体道」を創始。私は二年間程体験し、私自身の個性に合った武術の視野を開く機会になった。玉城康四郎先生（三章）は東洋思想、仏教学の碩学で、私は先生の私的な塾に何年か参じ学んだ。松田隆智師（一九三八―二〇一三）は中国武術の我が国での第一人者で、私の研究、仕事を評価してくれ、公園などで何度か、その本場の演武を私のためだけに見せてくれたりした。住吉明治師（一、九章）。その度外れた家伝の山岳行や武術などについては別の機会に譲る他ない。ヨシ笈田氏（一九三三―）は一九七五年、私を、能楽師、真言僧、神道神官等と共に招き、実験的演劇で欧米を巡った。今も、日仏などで活躍中である。松岡正剛氏（一九四四―）は編集工学研究所所長。氏が雑誌『遊』の編集長の時にそこに三年間連載させてもらった。氏は有数、稀有の読書家としても知られる。

整体の野口晴哉師の高弟柳田利昭師。合気道、剣術、禅を修めた野中日文師範。やはり驚嘆すべき読書家で古典に通じる、前山手学院高校教諭の恩田弥一郎氏等の方々についても、感謝の念と共に別の機会に述べさせてもらえたらと思っている。

なお、谷川俊太郎氏、内田樹氏の推薦文を帯に頂いた。谷川さんは、以前は何年間か私たちと気流法の稽古を共にされてもいた。内田氏は、哲学者で、思想界でも大活躍されているが、同時に多田師範門下として自ら道場を開き、熱心に合気道に取り組んでおられる。

本書は元々二〇一二年に武蔵エディトリアルの倉持哲夫氏が企画を提示して始まった。事情で途中で頓挫していたが、氏は終始心にかけてくれて二〇一七年に新泉社に縁を作っていただいた。深く謝意を表したい。

新泉社の石垣社長には、忙しいなか、度々拙稿にも目を通されて相談にも乗っていただいた。本書デザインの宮坂淳氏。氏を紹介していただいた稽古仲間でもある詩人、作詞家の覚和歌子さん。当方の注文をいろいろと聞いていただいた編集の小保方佳子さん。素晴らしい写真と絵を使わせていただいた小野田宇花さん、イラストを画いてくれた元稽古仲間の日本画家、竹内啓氏。拙稿などを整理してくれた佐藤響子さん。一々御名前は挙げないが日本と欧州、豪州で気流法や武術の稽古を共にする方々、香譲塾の人々等に感謝します。

プロフィール

坪井香譲（つぼい　かじょう）

本名・繁幸（しげゆき）。 気流法の会代表。「やわらげの武」創始師範。少年期から弓道、瞑想に触れ、早大第一文学部哲学科（心理学専修）に在籍中、身体技法の可能性の奥深さに目醒める。芸術表現、スポーツ、健康法、職人の技、武術、日常の身振りに通底する「身体の文法」を発想。それに早くから感銘を受けた老子、インド哲学、ユング等の思想を対応させて稽古法を編み、「気流法」と名付ける。国内だけでなく、フランス、ドイツでも1985年より毎年講習を続け、各分野の人々と交流。他にオーストラリア、ベルギー、ノルウェー、中国等でも行なわれている。フランス国立舞踊教育研究所、相模女子大学（2003～2006 非常勤）、朝日カルチャー（2006～）等でも講師を務める。人体科学会学術会員。
主著　『気の身体術』（工作舎）『メビウス身体気流法』（平河出版社）、他に『極意』（潮文社）『創造する知・武道』（BABジャパン）等。仏語論文『La respiration retrouvée（呼吸の再発見）』。『身体を実感する・〈3R〉』（気流法の会刊テキスト）

気流法ウェブサイト www.kiryuho.com
ブログ 坪井香譲の文武随想録

・・・・・・・・・・・・・・・・・・・・・・・・・・・・・・・・・・・

呼吸する身体

武術と芸術を結ぶ

2019年3月22日　第1版第1刷発行

著者　坪井香譲

発行者　株式会社 新泉社
東京都文京区本郷2-5-12
電話 03 (3815) 1662　Fax 03 (3815) 1422

印刷・製本　株式会社 萩原印刷

ISBN 978-4-7877-1912-6　C0095

撮影協力 / 圓岡紀夫
ブックデザイン / 宮坂 淳